优等生必知国学智慧书系

优等生一定要知道的《孟子》典故

编著
邵勋潜

花山文艺出版社

图书在版编目(CIP)数据

优等生一定要知道的《孟子》典故 / 邵勋潜编著. –
石家庄 : 花山文艺出版社, 2011.9 (2021.6 重印)
("读·品·悟"优等生必知国学智慧书系)
ISBN 978-7-5511-0330-5

Ⅰ.①优… Ⅱ.①邵… Ⅲ.①语文课 – 课外读物
Ⅳ.①G634.303

中国版本图书馆 CIP 数据核字(2011)第 191707 号

丛 书 名:优等生必知国学智慧书系

书　　名:**优等生一定要知道的《孟子》典故**

编　　著:邵勋潜

策　　划:张采鑫
责任编辑:郝卫国
责任校对:齐　欣
特约编辑:李文生
全案设计:北京九洲鼎图书有限公司
出版发行:花山文艺出版社(邮政编码:050061)
　　　　　(河北省石家庄市友谊北大街 330 号)
销售热线:0311-88643221
传　　真:0311-88643234
印　　刷:永清县晔盛亚胶印有限公司
经　　销:新华书店
开　　本:650×1080　1/12
印　　张:10.75
字　　数:120 千字
版　　次:2011 年 9 月第 1 版
　　　　　2021 年 6 月第 2 次印刷
书　　号:ISBN 978-7-5511-0330-5
定　　价:36.00 元

前言

　　我国古典文学宝库博大精深，《孟子》便是其中的重要组成部分之一。它是孟子的弟子们根据孟子的言论和事迹编成，记载孟子言论、思想和事迹的一本书。《孟子》一书里记载和阐述了孟子的政治思想、哲学思想和伦理思想，它不仅是一本言论集，从文体上看，也可以把它看成一本文学著作。不同的人们从里面汲取着不同的营养，几千年来历久不衰。

　　为了帮助学生学习这本名著，使他们得到心灵的滋养、智慧的启迪，走进那五彩斑斓的孟子世界，在那无尽的风采和魅力之中，受到美的教益和熏陶，我精心编著了这本《优等生一定要知道的〈孟子〉典故》。

　　本书从体例上分为典故、释义、故事、赏析四个部分，按学生的兴趣和需要，编著成生动有趣的故事，成为别具一格的课外读物。本书的故事，深入浅出、活泼有趣、机智幽默、寓教于乐、鞭辟入里，肯定会受到大家的欢迎和喜爱。

　　最后，我希望通过这本书，对学生阅读《孟子》这本名著有所帮助，真正读通、读懂、理解《孟子》，领会其一，举一反三，这样必将能够得益匪浅，受益终生。

　　由于本人水平有限，书中的缺点甚至错误肯定存在，殷切希望广大读者批评指正，以便进一步修改和提高。

●邵勋潜

1

2

按功付酬

释义

国家或集体按照每个人所提供功绩的大小付给相应的报酬。

故事

古代国王的生活十分讲究排场，每年都要各诸侯进贡朝拜，其车辆、人数多得惊人。因此，孟子的学生彭更就问："后面跟着几十乘车辆，身边随从着几百个人，轮流接受各国诸侯的款待，不是太过分了吗？"

孟子说："不合乎道理，即使是一筐饭也不可以接受别人的；合乎道理，舜接受尧的整个天下也不过分。你觉得过分吗？"

彭更说："我不是这个意思，我是说士人不干事而接受人家的奉养是不可以的。"

孟子说："你如果不让大家交流成果、交换产品，用多余的弥补不足的，那么农夫就会有多余的粟米，女子就会有多余的布匹。你如果能使它们流通，那么木匠们都能从你那儿得到吃的。现在有这样一个人，在家孝顺，出外友爱，遵循先王的准则，扶持后进的学者，却不能从你那得到吃的；你为什么只看重工匠却轻视实行仁义的人呢？"彭更听后还不甚理解，又进一步问道："工匠们劳动的目的就是吃饱肚子，那么，君子们的学习，施行圣人之道，也是为了吃饱肚子吗？"孟子一针见血地指出："你为什么要管他们的目的动机呢？他们对你有功绩就要付酬劳。那么你究竟是根据目的来酬劳呢？还是按功绩来酬劳？"彭更说："根据他的目的。"孟子听后笑了笑说："不对。例如现在有这么一个人，毁损屋瓦，乱画墙壁，

他的目的是要以此谋食,你给予他吗?"彭更回答说:"当然不给。"最后孟子总结道:"既然这样,很明显,你给予酬劳不是根据目的,而是根据功绩呀!"

赏析

　　每一个人都希望得到很多,可是却没有想过要付出多少。比如说我们中有些人没有努力却想得到好看的分数;没有尽力奔跑却总想独占鳌头;没有做得足够,却想得到夸奖。

　　生活对于每个人都是公平的,你对人展露微笑,你就会得到一个微笑;你在人困难的时候伸出自己的手,那么在自己跌倒的时候也会有一只手伸过来……

　　世界上,没有免费的午餐,天上也没有白掉的馅饼。只有真正去付出,去给予,我们才能得到相应的回报。而那,却远远不止是一个微笑。

杯水车薪

释义

用一杯水去救一车着了火的柴草。比喻力量太小，解决不了问题。

故事

从前，一个樵夫一大早就上山去砍柴，他很卖力地劳作，到了快接近中午的时候，就已经砍了满满一大堆的柴，足够他用好长一段时间了。于是樵夫便将砍完的柴捆好，装上车，然后推着满满的一车柴收工回家了。正赶上这一天的天气特别热，这个樵夫推着柴下山回家的路上，碰巧经过一家茶馆，樵夫感觉口干舌燥，于是心想，天这么热，不如在这家茶馆先喝杯茶，凉快凉快再回家吧。于是樵夫就把装满柴的车停放在树林边，自己走进茶馆，要了一杯茶，歇息了下来，可是没想到，樵夫刚喝了几口茶，就听茶馆外面有人大声叫喊："不好了，着火了！来人哪！救火啊！"樵夫一听，心想，坏了，是不是我一车柴着火了！于是，急急忙忙地端着茶就从茶馆里跑了出来。樵夫出门一看，原来由于天气太热，气候干燥，引发了森林大火，而他的柴车因为停放在树林边上，此时也已经被山火给引燃了，眼看着自己辛辛苦苦忙活了一个早上才砍到的满满一车柴就要被大火吞噬（shì）。樵夫情急之下，慌忙将手中拿着的茶杯里的水向燃烧的柴车泼了过去，恨不得一下就能把火扑灭，但是一杯水对于一车燃烧的柴来说，实在是太微弱了，一点作用都起不到，最后樵夫只能眼睁睁地看着一车的柴都烧成了灰烬。

4

赏析

这个故事告诉我们,做任何事情,我们都要全身心地去投入。不能投机取巧,心存侥幸心理,期望用最少的付出换取最大的回报,也不能三天打鱼两天晒网。对待学习,我们只有认真地去投入,才可能取得好的成绩。学习需要一种持之以恒的毅力,需要一种坚持的态度。不努力,想借一点小聪明就想出人头地,永远不可能取得成功。

不违农时

释义

不违背适合农作物耕种、管理、收获的季节。违:违背,违反。

故事

孟子主张推行"仁义",建立"王道"。梁惠王曾经向他请教,怎样发展生产,达到国富民安的目的。

孟子说:不耽误农活季节,粮食就吃不完了;细密的鱼网不到大的池沼去捕鱼,鱼类就会吃不完了;斧斤进山也要遵守时令(不要滥加砍伐),木材也就用不完了。粮食、鱼鳖吃不完,木材用不完,就使老百姓生养死葬都没有什么担忧了。老百姓对生养死葬没有什么担忧,这就是"王道"

的开始。

接着孟子指出,给每户五亩的宅地种上桑树,年过五十的人就可以穿丝绸做的衣服了;鸡、狗和猪的饲养,不错过它们的繁殖期,七十岁的人都可以吃肉了;给每户的百亩土地,不要耽误他们的农时,几口之家,可以没有饥饿的人;认真办好地方的学校,反复强调侍奉父母,尊敬兄长的规矩,须发斑白的老人就不会在路上背负重物了。七十岁的老人穿丝绸做成的衣服吃肉食,百姓不挨饿不受冻,如果这样做了,就能发展生产,达到国富民安的目的。

赏析

人生不管处于什么阶段都有自己急需做的事情,都有自己应当成长的方向。年少时就应该努力去为自己心中的理想而奋斗,就应该尽情地去挥洒自己的青春,就应该勇敢地追逐梦想。

花有花期,错过了开放的时节,可能就一辈子都难以绽放成美丽的花朵。这个时候就只能去用悔恨去伴随逝去的时光,用不舍的心情去挥别年华。

我们要珍惜眼前的时光,要珍惜年轻心中那纯真的梦想,竭力去追逐……直到春暖花开。

恻隐之心

对别人的不幸表示同情。见到遭受灾祸或不幸的人产生同情之心。

故事

孟子学说中有一个最基本的观点,就是"性善说"。他认为人的本性都是善良的。有些人变恶,是因为受外界环境的影响,是没有保持和发扬本性中的善。儒家的另一个代表人物荀子则认为人的本性是恶的,所以能成为善人是教育的结果。

还有一个告子,他认为人的本性无所谓善或恶,环境和教育才使一个人成为善人或恶人。有一次,告子和孟子就这个问题进行辩论,告子先提出他的看法:"人性,好比急流的水,水路的决口在东面就往东流,决口在西面就往西流。人性不能分善或恶,正像水在流向决口之前不能分东西一样。"

孟子立刻驳斥告子说:"是的,水的确不能分东或西,但难道不能分清它的本性是向上流或者向下流吗?水总是向下流的。人性也是这样。人性没有不善良的,正如水没有不向下流一样。但是,水可以用拍击、遏阻的办法使它从平地流向高山,人性也可以用外力使它成为不善。"

告子又说:"人性的善或不善,都是由外界影响决定的。周朝的文王、武王是仁德的君主,百姓就向善了,到周朝的后代幽王、厉王,是暴虐无道的君主,百姓就跟着暴乱了。"

孟子回答道:"从你说的例子来看,也仍然证明人的本性是善的。百

姓跟着君主而变得暴乱,这不能说是他们的本性不善。请想一想,'恻隐之心(同情人的心)'是人人都有的;'羞恶之心(羞耻与憎恶的心)',也都是人人都有的。还有,看到值得尊重的事而生的'恭敬之心',看到某件事情而作出判断的'是非之心',更是人所共有的。这些,正是人性本善的证明。"

告子还没有来得及回答,孟子又补充说:"但是,人的善良本性是存在于内心的,必须有意识地去探索它、发展它,才能成为一种美德。如果放弃它,那就会失掉或被埋没。"

孟子和告子的辩论各不相让,不可能得到统一的结论。即使到现在,我们还要从本性和环境、内因和外因的相互影响或统一的角度来深入研究。但是,"恻隐之心,人皆有之"这句话,却已经作为名言流传下来了。

赏析

有些人总是看到周遭的"邪恶",而看不到人们内心的善良。所以也对他人"邪恶",收起自己的恻隐之心。

其实,每个人都是善良的,每个人都有恻隐之心。对于那些不幸者,我们会揣着自己的善良去同情他们;对于那些弱者,我们会对他们有恻隐之心,伸出手去帮助他们。这样的我们,才是找到了自己内心的善良,才是看到了他人内心深处的善良。不要因为任何事情去改变我们的善良,善良的人总会得到别人善良的回报。

陈仲食李

释义

形容贫士在穷困无食时,很难保持操守。

故事

战国时,齐国有个品格很高的隐士,名叫陈仲子。他非常讲究守节操。他的哥哥在齐国做大官,每年有俸禄万锺。陈仲子认为哥哥的俸禄是不义之财,哥哥的居室是不义之室,他不愿沾哥哥的光。为了表示自己的清白,他与妻子一起迁居楚国,住在於陵地方,自称"於陵仲子"。

在於陵,陈仲子生活十分贫困,常常连饭也吃不上。但他为了体现自己的操守,宁可挨饿,也不求别人的东西吃。有一次,遇上灾荒年月,陈仲子整整三天没有吃到任何东西。他饿得眼睛发花,看不清东西,耳朵里也嗡嗡直叫,什么也听不清。这时,他发现井边有一颗李子,已经被虫子咬食了一半。陈仲子饿得有气无力,也顾不上讲究节操了。他十分艰难地爬到井边,拾起那半颗残破的李子放进嘴里,使劲地吞了三次,才将李子咽了下去。

吃下半颗李子后,陈仲子才觉得似乎又有了一丝力气,耳朵重新听得见了,眼睛也能看见东西了。

赏析

当人一无所有的时候,就很难拒绝外来的事物,哪怕仅仅是一顿美

食。我们要坚持自己的信仰,但是又站在低处,很快就会被污水淹没了。只有高高地站在树枝上,才不用去弥补人生当中的缺失。

只有努力地去丰富自己,让自己的人生"富足",我们才有能力在人生的道路上抬头挺胸地走下去。所以,不要去埋怨命运不济,我们只有去改变命运,改变人生,才可以骄傲地坚持自己的信仰。

出尔反尔

释义

原意指你怎样做,就会得到怎样的后果。现指人的言行反复无常,前后自相矛盾。

故事

战国时,有一年邹国和鲁国发生冲突,邹国的士卒作战不力,结果吃了败仗,死伤了不少将士。邹穆公为此非常气愤。这时孟子恰巧在邹国作客,邹穆公就去向孟子诉说心中的烦恼。他说:"先生,你是一位贤良而有学识的人,请您告诉我,在这次邹、鲁两国战斗中,我牺牲了三十三位将领,然而邹国的士卒、百姓却没有一人为他们去拼命。他们眼看自己的长官有难,竟袖手旁观,真是太可恶了! 我要惩罚他们,但是他们人太多了,杀也杀不完呀! 您说我该怎样处理这件事呢?"

孟子思考了片刻,直言不讳地对邹穆公说:"孔子的弟子曾子说过一句话:'要提高警惕啊!你怎样对待别人,别人也将怎样回报你(出尔反尔)!'我想曾子的这句话您一定忘了。还记得那年邹国闹灾荒吗?粮食歉收,百姓吃不上饭,饿死了许多人,尸首抛弃在荒山野坡,无人掩埋;年轻力壮的小伙子四处逃荒,流离失所……那时国君和大夫们又干什么了呢?你的官吏不关心百姓的死活,甚至隐匿灾情,不向国君报告,国君也不去察访民情,不关心百姓的疾苦。等到战争发生的时候,却要驱赶他们到前线去送死卖命。您认真想一想吧,士卒、百姓的心里怎么会服从你呀?这次发生的事件就是百姓对你们的报复。你即使惩罚他们也是没有用的。"

"如何才能预防今后不再发生这样的悲剧呢?"邹穆公忧心忡忡地问。

"只有一个办法呀,"孟子告诉他说,"那就是您要彻底改变过去的做法,在邹国实施仁政,爱护、关心老百姓,让他们过上安定的好日子。只有这样,老百姓才会拥戴他们的君王,爱护他们的长官,发生战争时,也才会心甘情愿地为君王去拼死作战……"

邹穆公接受了孟子的建议,在邹国实行仁政。

赏析

种瓜得瓜,种豆得豆。有什么样的原因,就有什么样的结果。不管我们做什么事情,都会对它们产生影响,这影响终究会反馈到自己身上。

我们种下"友谊"的种子,我们就会得到朋友;我们种下"勤奋"的种子,我们就会得到成功;我们种下"善良"的种子,我们就会得到善意的回报。现在,我们站在春天里,我们种下的那颗种子,会在不远的秋天结果。每个人都希望自己的秋天是硕果累累,而不是萧瑟满目的。

出类拔萃

释义

超出同类之上。多指人的品德才能。拔:超出;类:同类;萃:草丛生的样子,引申为聚集。

故事

有一次,公孙丑问他的老师孟子:"能不能将伊尹、伯夷与孔子相提并论,同称为天下的圣人呢?"

孟子的回答十分干脆、简捷。他说:"当然不能,孔子是有人类以来唯一的圣人,谁也没有资格与孔子相比。"

公孙丑又问:"那么这三位贤人中有什么相同的地方吗?"

孟子回答道:"有,而且不少。比如伊尹甘冒篡位反叛的恶名,放逐了太甲,使商汤王的社稷不致倾覆。这件事,孔子会做,伯夷也会这么做。伯夷不愿违背父亲的意志,放弃了诸侯的封爵,甘愿忍受贫寒,孔子与伊尹会采取与他相同的办法。这三位贤人如果当了国君,他们都有足够的威望统一天下,使天下诸侯按着规定的礼节来朝见;如果让去做一件违反道理的事,他们都会拒绝,如若让他们去杀一个无辜的人,哪怕会因此获得天下,他们也同样拒绝做的,这是他们的相同之处。"

公孙丑追问道:"既然他们都绝不做坏事,那还有什么不同的地方吗?"

孟子继续回答道:"不同的地方差别就大了。你应先了解一下孔子的学生是怎样评价孔子的。宰我说:'我的先生比尧舜高明得多。'子贡说:

'先生能够从一国的礼制判断它的政治情况；听到一国的音乐，就可以了解它的品德教育水平。孔子的治国思想是千秋万代的君主所必须遵循的最高原则，谁违背了孔子的治国思想，谁就会亡国。'伊尹和伯夷都是属于同一时代的贤人，他们没有功垂百代的治国思想，有若说：'世上同类很多，但高下不同，比如麒麟与走兽，凤凰与飞鸟，圣贤与常人，江海与溪流。圣人与常人都是人，属于同类，但圣人远远超出了同类，比同类中优秀的还优秀得许多（出乎其类，拔乎其萃）'。孔子是圣人，没人可比。"

赏析

我们都是江海中的一滴水珠，或许丢在人群中就不见了。但是，在这个世界上总有那些出类拔萃的人让我们仰视，让我们崇敬。也许我们也希望和他们一样，能够与众不同，能够从人群中闪现出来。可惜我们却没有足够的勇气和毅力让自己鹤立鸡群。所以，碌碌无为的平庸人生是很多人的归宿。

要想出类拔萃，就必须付出超出寻常的努力，就要有让自己"出类拔萃"的勇气，要让自己为"出类拔萃"而脚踏实地地行动起来。

绰绰有余

释义

宽裕的样子。形容非常宽裕,富裕。

故事

战国时,齐国大夫蚔(chí)蛙担任灵丘县令,干得有声有色。过了一段时间,他想去国都担任谏官,就辞去了灵丘县令。他在国都做了好几个月的谏官,却始终没有向齐王劝谏过。

一天,孟子去见蚔蛙,对他说:"谏官是可以进言的官,你做了几个月,却始终没提过什么建议,看来你不适合做这样的官。"

蚔蛙听了孟子的指责,心里很不好受,他知道齐王的脾气很不好,怕说了也不起作用,就很少劝谏。现在经孟子这么一说,才感到自己没尽到职责。于是,他向齐王辞去了谏官。

这件事被齐国人知道了,纷纷议论说:"孟子替蚔蛙考虑得不错,但为什么不替自己好好考虑一下呢?他屡次向齐王进言,齐王不用,他却厚着脸皮不走,这难道不是嫉妒吗?"

公都子把这些议论告诉了孟子,孟子满不在乎地说:"我听人说,一个有官职的人,如果没尽到职责,就应该辞官;有进言责任的人,如果进言未被采纳,也应该离去。而我呢?既无官职,又无进言的责任,我的进退不是绰绰有余吗?"

公都子听了孟子的话,觉得名正言顺,很有道理。

A B C D E F G H I J K L M N O P Q R S T U V W X Y Z

赏析

想要完成一个目标,但是该做的事情不去做,该去想的不去想,本来很简单的事情就变得困难起来,本来可轻松应对的事情就变得力不从心。

如同久久推延的假期作业,堆积到最后就成了难以完成的任务。什么事情,只有做好充足的准备,然后一步一个脚印地去实施,应付起来才能够绰绰有余、从容不迫。其实,大多数事情,只要用心去做,就能够做好。即使是能力上有所欠缺,只要有认真的态度了,长此以往我们的能力也会得到长足的进步,应付那些看起来艰难的事情也就得心应手了。

要让我们的人生变得从容,才值得享受。

《春秋》之惧

释义

孔子写成《春秋》以后,令所有想干坏事的人看到此书时心生畏惧。

故事

春秋时代,天下大乱。诸侯挟持天子,大夫放逐诸侯,家臣反叛主人的事情比比皆是,所有的人都在疯狂地追逐着权力,却又都在疯狂追逐权力的过程中丧失了权力。这一切被孔子看在眼里,感觉忧心不已。孔子

对这种臣子杀害君主，儿子杀害父亲，臣子之间互相仇杀等的行为感到深深的忧虑，于是，他开始着手编写《春秋》这部书。孔子说："想要了解我、认识我的人，只要读过这部《春秋》就可以了。而那些责怪、怨恨我的人，恐怕也是因为我写了这部《春秋》的缘故吧。"

在孔子编写的《春秋》这部书中，记载了春秋时期所发生的各个重大事件，其中，记录臣子弑杀国君的事件有三十六件，记录国家灭亡的有五十二件，同时还记录了数不清的诸侯王子奔走逃亡，最后仍然不能保全自己性命的事件。孟子因此认为，孔子编写的《春秋》这部书，寓说理于叙事文中，在叙述真实事件的过程中，将哲理与是非判断贯穿于其中，对善行加以褒奖，对恶行加以谴责，因此，令所有想干坏事的人看到这本书时，都会在心里多生畏惧。这证明了舆论与文化对社会产生的影响和作用。

赏析

无论做什么事情，在别人内心都会有评价，好或者坏都有各自的标准。我们当然不能一味地在别人的标准下生活，而应当有自己的选择。可是，在有些事情上真理是掌握在多数人手中的。如果行为已经超出了大多数人的准则，说明确实是有所偏差。

毕竟，大树的枝叶都是顺着风成长的，那些迎着风的树枝终究会被吹断。年轻当然要有自己的个性，当然要有自己的空间，只要是迎着阳光的方向，就会赢得他人的掌声。

大旱云霓

释义

好像大旱的时候盼望寸水一样。比喻渴望解除困境。霓:虹的一种,又称副虹。

故事

战国时候,有一次齐国出兵讨伐燕国,只用了五十天就大获全胜。齐宣王为此很高兴,逢人便夸耀说:"我只用了五十天就打败了燕国这个有一万辆兵车的大国,这是天意呀! "可是不久,几个诸侯国就商议联合援救燕国,抗击齐国。

齐宣王得知几个诸侯国将联合来犯,很担忧,便向孟子请教说:"许多诸侯国要一块来攻打我,我怎么对付他们呀? "

孟子回答说:"这怪你自己呀!《尚书》上说,商汤率军征伐东方,西方的百姓不高兴;他征伐南方,北方百姓不高兴。他们说:'我们盼望商汤的军队就像久旱盼望乌云和虹霓一样(大旱云霓),我们等不及了,快先到我们这里来吧! '为什么四面八方的人都欢迎商汤呢? 因为他兴的是仁义之师,目的是惩罚那些暴君,解救受苦的百姓。他就像及时而降的甘霖一样,老百姓怎么能不欢欣鼓舞呢? 而你出兵燕国,攻占了燕国的城池,霸占了人家的土地,杀死他们的父兄,毁坏他们的宗庙,抢掠他们的宝物。如此暴虐无道,燕国的百姓怎能忍受下去,必然要赶走你,其他国家也会帮助燕国来讨伐齐国。因为他们对你很不放心,担心你占领燕国后,还会进攻别的国家……"

"那我该如何对待呢？"齐宣王见孟子一味批评自己,赶快打断他的话,再一次问起这个自己最关心的问题。孟子毫不客气地说:"办法只有一个:遣散燕国的俘虏,放他们回家;送回燕国的宝物,让燕国再立一个国君;撤回齐国军队,安抚齐国百姓,这样一来诸侯国的军队便不会来讨伐你了。"

赏析

久旱之后,如果不给庄稼浇灌雨水,庄稼就会死掉。干旱的庄稼渴望雨水就和我们求知的心情一样,倘若我们久久不吸收知识的养分,那么长久下去,我们年轻的生命就会像失去灌溉的花朵一样枯萎掉。

当天下雨的时候,我们要赶快储积"雨水",这样就不会在干旱的时候让生命也暗淡下去。不要错过甘露,请珍惜"雨天"吧,这样的好天气只会经常出现在我们短暂的青春。

大有作为

释义

能够充分发挥才能,作出很大成绩。作为:可做的事,作出的成绩。

故事

孟子仕齐,位为客卿,只备顾问,没有一定职务,也未曾接受俸禄,而且,他认为君臣是相对关系,臣无绝对服从君命的义务。

有一天,孟子正打算朝见齐王,齐王派人来说:"齐王本应来看望你,但患了感冒,不能吹风;如果你来朝见,齐王一定临朝视政,不知能否和你见面?"孟子说:"不巧,我也病了,不能到朝堂上去。"

第二天,孟子到东郭大夫吊丧。公孙丑说:"昨天以病为借口推辞,今天却出去吊丧,恐怕不妥当吧?"孟子说:"昨天生病了,今天病好了,为什么不可以吊丧?"

齐王派人来询问病情,医生也来了。孟子的亲戚(孟仲子)对答说:"昨天接到大王的召请,夫子由于身染微疾,所以不能到朝堂拜见;今天病情有些好转,已经往朝堂去了,我不知道现在到了没有?"于是派人在路上拦住孟子,说:"千万不要回家,到朝堂上去。"

孟子不得已到景丑家过夜。景丑说:"在家有父子,在外有君主,这是为人最重大的伦理关系;父子之间以慈爱为本,君臣之间以恭敬为准。我只看到大王对你的敬重,却没看到你对大王的尊敬。"

孟子说:"呀!这是什么话!齐人没有一个和大王谈论仁义之道的,难道是认为仁义不好吗?他们心里是这样想的:'他哪里配得上谈论仁义呢?'那么不敬没有比这个更大的了。我则不是尧舜之道,不敢在大王面前陈说,所以齐国人没有谁比我更尊敬大王了。"

景子说:"不,我说的不是这个。《礼》曰:'父亲有召唤,不等答应忙起身;君王有召唤,不等马车驾好就前往。'本来你将要去朝见,听到大王的召唤倒不去了,似乎与礼的要求不相合。"

孟子说:"难道你是这样认为的吗?曾子说:'晋、楚的富有是不可企及的。然而他仗着他的富,我凭我的仁,他靠他的爵,我有我的义,

我又有什么缺憾呢？’要是没有道理的话，曾子怎么会这样说呢？其中一定是有道理的。天下有三件东西是人们普遍尊重的：一是爵位，一是年龄，一是品行。朝廷最尊重的是爵位，乡里中最尊重年龄，要说匡扶世道、统率民众最应尊重的就是德行，怎能拥有了爵位就轻视其他两件呢！"

最后，孟子说："准备大有作为的君主，必然有他不敢召唤的臣子，有什么大事要商量，就亲自去拜访，他尊重德行、乐施仁政，不是这样就不足以帮助他有所作为。因此商汤对于伊尹，是向他学习，然后以他为臣，所以能不费力称王天下。桓公对于管仲，是向他学习，然后以他为臣，所以不费力就称霸天下。当今天下各国大小相当，君主的德行相近，谁也不能压倒谁，没有别的原因，是因为喜欢以听话的人为臣子，而不喜欢以能教导他的人为臣子。商汤对于伊尹、桓公对于管仲，就不敢召唤。试想，管仲尚且不可召唤，何况并不想做管仲的人呢？"

齐国大夫景子听了孟子这席话后，觉得言之有理，从心底里佩服孟子。

赏析

真正大有作为的人，是那些能够低下头尊重"贤人"的人。每个人都有不同的才华，我们要发自内心地去尊重他们的才华。即便是自己有才华，也应该和那些有才华者惺惺相惜。这样，我们才能够做到真正的谦虚，才能够学到更多东西，得到更多的意外收获，我们的"才华"就会更加丰满起来，最后会成为真正有作为的人。那就让我们真心诚意地去尊重他人吧，因为每个人都有我们"看得见"或者"看不见"的才华，那也许就是我们所缺失的。

地利人和

现指地理条件优越,群众基础好。利:(地理上的)有利形势。人和:得人心。

故事

孟子十分关心天下大事,并且竭力主张仁政治国。有一次,一位弟子问治国的首要条件是什么时,孟子说:"天时不如地利,地利不如人和。"

什么叫天时呢?天时就是大的自然气候,也指天意。地利就是地形,或险要、或平坦。人和就是人与人的团结和睦,人心所向。

孟子说:"三里之城,七里之郭。把它包围起来进攻它,可是不能取得胜利。敌人要包围起来进攻它,一定是趁着有利的天时来的,但是还不能取胜,那是天时不如地利;城很高,护城河的池水也很深,城里的兵器也很坚利,粮食也多。可是城却守不住,自己弃城而去,那就是地利不如人和啊。所以说,限制人民不必靠国家的边界,保卫国家不必靠山川的险固,使天下威服不必靠武器的锐利。行仁政的人,帮助他的人就多,不行仁政的人,帮助他的人就少。帮助的人少到极点的时候,就连他自己的亲人也背叛他,离开他。帮助的人多到极点的时候,天下的人都归顺他。以天下人都归顺的力量攻打那些亲人都背叛他的人,所以仁德之君不战则已,一战必胜。"

历史上有名的武王伐纣,就是一个例子。那时候纣王残暴无道,武王起兵讨伐。武王的军队所到之处,受到人民的欢迎,纣王很快就灭亡了。

还有齐宣王五年,燕国的国君让位于相国子文,激起人民的不满,齐宣王出兵伐燕,燕国的人民也欢迎齐国的军队,燕军竟大开城门,不战自退。

孟子总结了历史上许多经验教训,得出了"天时不如地利,地利不如人和"的著名论断。他的论述有理有据,闻者无不叹服。

赏析

我们走在人生的路上,不可能一辈子都是风调雨顺的时光和温暖滋润的环境。在遭遇到险恶的环境,遭遇到阴霾的时候,有人向我们伸出援助之手,有人支持和鼓励我们,有人投来关注的目光。那我们内心就会坚强,就觉得不是一个人孤单地对抗那些困厄。

无论是什么时候,也无论在什么地方,我们都要对朋友友爱,对长辈孝敬,对师长尊重,这样我们的内心就会变得无比坚强,因为我们的身后一直有他们给予的爱支撑着。

动心忍性

释义

比喻历经困苦而磨炼身心,不顾外界阻力,坚持下去。动心:使内心受到震动;忍性:使意志坚强。

故事

孟子的学生曹交问："人人都可以成为尧、舜那样的人吗？"

孟子回答道："可以。"

曹交又问："那么，人们怎样才能成为尧、舜那样的人呢？"

孟子先举了一些事例，他指出："古代圣王舜帝是从普通农事活动中成长起来的；殷代武丁时的贤相傅说是从被人雇佣筑墙的低下地位上提拔上来的；殷纣时的贤人胶鬲是从贩卖鱼、盐的市场中被提拔起来的；齐国国相管仲是从狱官手中得到解放，被齐桓公提拔上来的；春秋时楚国隐士孙叔敖是从海边的隐居之所被提拔出来的；百里奚被楚人捉住后，为人放牛，秦穆公闻其贤，把他赎买到秦国，举以为相，所以等于从市场上买回来加以重用的。这些名人是艰苦奋斗得来的，是没有安闲平顺的道路可走。上天将要把重大的使命赋予给一个人：一定先要使他的内心愁苦，劳累他的筋骨，饥饿他的身体，使他穷困贫乏，让他经历坎坷，总是不顺利如意。用种种窘况来触动他的灵魂，坚韧他的心性，增强他还不曾具有的应付事情的能力。"

曹交听了孟子这一席话后，他感到历史上有成就的人，在困难面前经得起考验，才能锻炼担当"大任"的力量和本领。

赏析

遭遇苦难的时候，我们不必抱怨，因为那是上天给我们的考验。只有经得起大风大浪的船，才能够远航。懂得了这个道理，我们就应该在遭遇挫折的时候，不哭泣，马上爬起来，努力继续前行。这个过程可能很痛苦，但是这也是对自己身心的磨炼，是成长的必修课。凡是成大事者，都经历过无数的苦难。

所以,我们要珍惜苦难的机会,不要放弃,韬光养晦。只要一直往前走,就能够冲出藩篱,就能够走到光明的彼岸。

独夫民贼

释义

指对国家人民有严重罪行的、残暴的统治者。独夫:暴虐无道,众叛亲离的统治者;民贼:残害人民的坏家伙。

故事

孟子虽然是儒家大师,但他不把"君"看做神圣不可侵犯的东西,他一贯主张"民为贵,君为轻",因此,有一次齐宣王问孟子说:"商汤王流放夏桀,周武王讨伐商纣王,有这回事吗?"

孟子回答道:"在史籍中有这样的记载。"

宣王道:"作为臣子而弑杀自己的君主,这合适吗?"

孟子答道:"残害仁的人叫做贼,残害义的人叫做残。这种人大家叫他独夫。我只听说武王歼灭了殷纣,没听过这叫以臣弑君。"

接着孟子又说道:"当今侍奉君主的人都说'我能为国君开辟疆土,充实府库的财富',当今所谓的好臣子,正是古代所谓的害民之贼。国君不追求以德治国,不存心仁义却一心想为他聚集财富,这就等于帮助夏桀得到

财富。当今侍奉君主的人还说'我能为国君邀结盟国，每战必胜'，当今的所谓好臣子，正是古代所谓的害民之贼。国君不追求以德治国，不存心仁义却一味想为他的强大而战争，这等于辅佐残暴的桀纣。走当今这样的道路，也不改变现在这样的风气，即使把天下给他，他连一天也坐不安稳的。"

　　齐宣王听了这番话暗暗吃惊，恐怕孟子在指责自己，一定要吸取历史教训，振兴齐国。

赏析

　　作为一个君主，只有善待自己的臣民才能够得到他们的拥戴；作为一个将军，只有爱护自己的士兵才能让他们奋勇杀敌；作为我们，应该怎样呢？即使是君主也不能够不考虑到臣民的感受，独断专行，那样只会成为商纣。

　　我们又怎能不考虑到别人，而独自地生活呢？我们要学会善待朋友，善待师长，善待家人，这样人生才会变得美好，才是英明的"君主"，才能"一统天下"。

独善其身

释义

原意指做不上官就修养好自身。现指只顾自己,不管别人。独:唯独;善:好,维护。

故事

有一天,孟子对一个名叫宋勾践的人说:"你喜欢游说各国的君主吗?我告诉你,游说的态度在别人理解时要安然自得,别人不理解时也要安然自得。"

宋勾践说:"怎样才能做到安然自得呢?"

孟子说:"尊崇德,喜欢义,就可以自得其乐。因此,士人失意时不失掉义;得意时不离开道。失意时不失掉义,所以自得其乐;得意时不离开道,因而百姓不致失望。古代的人,得意时,恩惠遍及百姓;不得意时,修养品德以显于世。失意时完善自己的身心,得意时则拯济天下。"

修身、齐家、治国、平天下,是儒家思想传统中知识分子谨守的信条。以自我完善为基础,通过治理家庭,最终达到平定天下,可以说是数千年来知识分子的最高理想。然而,成功的时候少,失败的时候多,于是孟子说:"穷则独善其身,达则兼济天下。"这积极而达观的态度,弥补无法完成的孤高理想,成为千年来儒家的信条。

　　人生当中总会遇到泥沼,当我们救不了别人的时候,至少也要保证自己不要陷进去。毕竟我们还年轻,很多事情是我们做不到的,很多事情也是我们阻止不了的。

　　对于有些人,我们必须敬而远之,不必妄想去改变他们,往往最容易改变的是自己。因此,我们要时刻保持着谨慎的心理,去选择朋友,去选择以后要走的人生之路。只有在保全自己的情况下,才能够让自己健康地成长,变得强大了以后,再去帮助别人吧。

二者居一

释义

两者之间选择一个。

故事

有一次孟子去齐国,向齐王提出许多建议,但齐王都不接受。孟子离开齐国时,齐王赠送给孟子一百金,他也不接受。到了宋国,宋君赠送孟子七十金,他却接受了。又到了薛国,薛君赠送孟子五十金,他又接受了。

孟子的学生陈臻对此不理解,问他说:"如果说您不接受齐王的赠金是对的,那么,接受宋君、薛君的赠金就不对了;如果说接受宋君、薛君的赠金是对的,那么,不接受齐王的赠金就不对了。一个人前后的行为应当一致,您只能在这两者中选择一种,怎么前后矛盾呢?"

孟子向陈臻解释说:"你说得很有道理,但不了解其中真正的原因。在宋国,我将去很远的地方,路上要用钱,不接受行吗?我到了薛国,看见到处都戒备森严,我住的地方有士兵站岗。薛君给我五十金,我自然接受。但不是我自己要,而是把它分给了士兵。至于齐国,齐王给我的赠金,我没有用处,没有用处而又要别人赠金,那不是向人借钱吗?天下哪有君子向别人借钱的呢?"

陈臻听了,觉得老师说得很有道理。

赏析

　　"下雨天带雨伞"是自然而然的事情,但是大晴天撑起一把雨伞无疑会贻笑大方。同一件事情在不同的时候应该要不同地对待,用静止的眼光看变化中的事物肯定是不正确的。

　　三十年河东,三十年河西。我们做事情的时候,要时时刻刻分析眼前的处境,不要完全凭着以往的经验行事,这样只会让那些看起来统一的标准变得一无是处了。尊重真理的办法,就是更要尊重事实。

墦(fán)间乞食

释义

在坟间讨吃一些残余酒菜。孟子借用这个故事嘲讽了卑鄙无耻、却故作骄矜的丑恶行径。

故事

有个齐国人,娶了一个妻子,后来又娶了一个小妾。家里并不富裕,可是他常常在外面喝得醉醺醺地回来。问他上哪里去了,他总是说同富人、贵人们在交际应酬。

他的妻子有些怀疑,她对小妾说:"咱们的丈夫,总说是同富贵的人们在交际应酬,可是,从来没有看见阔绰的客人上咱们家来呢? 我倒要悄悄地侦察一下,看他究竟搞的是什么名堂? "

第二天早晨,这个人又摇摇摆摆地出门去了。他的妻子蹑手蹑脚地在他后面跟着。走了好一会儿,大街上的人谁也不跟他打招呼,他头也不抬地径自向坟地走去。那里有人家在埋葬死人,办理埋葬事务的人,正大吃祭奠用过的供饭。他就向他们乞讨一些剩余的酒食,在旁边狼吞虎咽地吃起来。一会儿,吃完了,还没有饱,抬头四面望了一下,又向另一个埋葬死人的地方走去了。——"原来他是这样同富人贵人交际应酬的啊! "他妻子完全明白是怎么回事了。

妻子懊丧地回家,把亲眼所看的情形,一五一十地告诉了小妾,并且说:"丈夫是妻妾终身所依靠的亲人,而咱们的丈夫却可怜得这个样子。"小妾听了,也感到十分伤心。两个人在院子里一边议论,一边就相对哭泣

起来。这时,她们的丈夫回来了。他不知道他已经露出了马脚,仍然一副大男子的傲慢气派,大模大样地踱进大门,呵叱他的妻妾:"这是干什么?我这样的丈夫,你们难道还有什么不满意的吗?"

这个故事,讽刺那些追求富贵利禄的人,一面乞讨人家的残羹冷饭,一面还洋洋得意,虚伪骄傲,瞧不起比他地位低下的人;其卑劣行径,在这里被刻画得相当生动、有趣。

赏析

生活中有很多像故事中那样的人,或许他们并没有才华,却要装作才华横溢的青年去指点江山;或许他们并没有丰富的知识,却要对什么东西都不屑一顾。我们也许都曾遇到这样的人,让我们所不齿。但是我们有没有审视过自己,是否也曾有过这样的言行?

骄傲的人如果本身没有骄傲的资本,只会贻笑大方。那些不显山露水的人往往才是满腹经纶者,他们懂得谦虚,懂得礼让。

喜欢站在枝头高唱的总是乌鸦,它引来的目光只会落在它的"黑"上。

逢蒙杀羿

释义

逢(páng)蒙向后羿学习射箭的本领,后来却把后羿杀害了。寓指

恩将仇报的丑恶行径。

故事

逢蒙是后羿的家臣,他拜后羿为师学习射箭。后羿是夏朝人,特别善于射箭,百发百中,力大无穷,逢蒙拜到后羿的门下,后羿就把自己的本领都教给他。逢蒙学成之后,想天下只有后羿的射术可以超过他,于是和寒浞(zhuó)一起叛变,杀了后羿。

逢蒙艺成害师,历来为人们所不齿,人们都认为是逢蒙的罪过。但是孟子却说:"后羿也有过错。"

有一次,公明仪对孟子说:"后羿应该说没有什么过错吧。"孟子说:"不过轻一点罢了,怎么说没有过错呢?郑国曾派子濯孺子入侵卫国,卫国派庾公之斯去追击他。子濯孺子说:'今天我犯病,拉不了弓了,我活不了了!'问驾车人道:'追我的人是谁?'驾车人说:'是庾公之斯。'子濯孺子说:'我有活路了。'驾车人说:'庾公之斯是卫国的优秀射手,先生却说有活路,是什么道理啊?'子濯孺子说:'庾公之斯向尹公之他学射,尹公之他向我学射。尹公之他是个正派人,他选择交往的一定也是正派的。'庾公之斯赶到了。说:'夫子为什么不拉弓?'子濯孺子说:'今天我犯了病,拉不了弓。'庾公之斯说:'我向尹公之他学射,尹公之他向您学射,我不忍心反用先生传授的技艺伤害先生。虽然如此,今天的事却是国家的公事,我不敢完全不顾。'抽出箭,在车轮上磕去箭镞,射了四箭后就返回去了。"

孟子讲完这个故事对公明仪说:"收徒取友一定要注意对方的人格道德,如果忽略了这一点,一旦身受其害,受害者就是自食其果。"

公明仪点头称是。

赏析

兔子进了狼窝总是避免不了成为"美餐"的命运,谁叫它站错了队伍呢?人生的旅途之中,最重要的是朋友。无论走到什么地方,朋友永远是最美丽的风景。人生之中能够交到一些良师益友,是万幸之事。但是如果遇人不淑,不懂得选择朋友,那只会让自己的人生得不偿失。我们要学会分辨哪些人可以做朋友,哪些人只是路人,哪些人不可以靠近……

而真正的良师益友,就是守护在旅途两旁的参天大树,为我们挡风遮雨,让我们的路途绿树成荫。

富裕相爱

释义

老百姓生活富裕了,他们彼此之间就会相敬相爱。

故事

滕文公派毕战向孟子询问有关井田制的事。

孟子说:"你的国君打算施行仁政,特意选派你来,你一定要努力!施行仁政,必定要从划清田界开始,田界规分不规整,井田大小不均匀,作为俸禄的田租就不公平,因此暴君和贪吏总是搞乱田界。田界划分正确了,

分配田地,确定俸禄就能毫不费力地完成。"

孟子又接着说:"滕国土地狭小,一样有官吏、有百姓。没有官吏就没人治理百姓;没有百姓就没人奉养官吏。希望你们在郊野实行九分取一的办法,在都城则十分取一让国民自行缴纳。"

最后孟子强调说:"一定要让百姓管理好他们的田地,减轻他们的税收,让他们的生活富裕起来。老百姓的生活富裕了,他们就讲究礼义,生活资料用不完。古代圣人治理天下,先让天下的财物丰裕。天下的财物丰裕,人民就能相敬相爱,这就是人民仁的表现。"

毕战听了后感到只有搞好井田制,丰富人民的生活资料,这才是治国之道呀!

赏析

贤明的君主不会靠武力的镇压和暴力的恐吓来赢得民心,这样只会失去民心。正如我们如果要想赢得人们的喜爱,就不能去强迫,不能去乞求,那样不是真实的,也不会长久。真正赢得人拥戴的君主会努力让臣民富足,生活得好了自然就争相拥护了;而我们只需要让我们身边的人快乐就好。即使是不快乐的人,我们也要用自己的快乐去感染他,用自己的微笑去融化冰川。这样,我们自然会得到人们的"拥戴"。

顾左右而言他

释义

看着两旁的人，说别的话。形容无话对答，有意避开本题，用别的话搪塞过去。

故事

齐宣王在位时，孟子是他的常客。孟子信奉王道，也就是君主要用仁义的办法去关心百姓，治理国家。可是当时的君主大多数相信霸道，不爱听孟子这套理论。于是孟子便经常拐弯抹角，旁敲侧击地灌输自己的思想。

有一次，他和齐宣王在一起聊天，孟子好像漫不经心地谈起一件事。他说："大王，有一件事我搞不明白。我听说一个人因为要到楚国去办事，临行前把老婆和孩子托付给一位好朋友，请这位朋友费心照顾。谁知道等到他从楚国回来后，才知道他的老婆和孩子一直在受冻挨饿，那位朋友根本未尽到照顾的责任。您要是碰上这种朋友，该怎么办呢？"

齐宣王毫不迟疑地回答："和他绝交！"

孟子点点头，又说："还有一件事，有一位负责掌管刑罚大权的司法官，可是连他自己的部下都管不了。您手下要是发现这种人，该怎么办呢？"

齐宣王毫不含糊地回答："撤他的职！"

这时候，孟子又点点头，意味深长地说："那么，如果一个国家的事情搞得一团糟，老百姓都无法安居乐业，朝廷上下怨声载道……您看那又该怎么办呢？"

"那就——啊……"齐宣王终于听出了孟子的弦外之音。他翻了翻

眼珠，装作没听清孟子刚才的话，急忙把目光移向站在两旁的随从，支支吾吾地把话题扯到别的事情上。（王顾左右而言他）。

这样，孟子的一番苦心又白费了。

赏析

当和人说话说到僵局的时候，我们不要非得争论个鱼死网破，一拍两散，这样只会伤害双方的感情。到关键时候，"路口"已经堵死，就要学会回头，选择另外的一条路走。

人的情绪在激化的时候是缺乏理智的。所以，我们大可以在"山重水复疑无路"时，放弃纠缠不休地继续谈论，"顾左右而言他"很多时候是一种智慧的选择，也是一种迂回的战术。

贵在仁爱

释义

可贵的在于施行仁爱。

故事

孟子主张仁政。他说："行仁政就能身享荣乐，不施仁政就将身遭屈

辱;现在有些人厌憎耻辱却又安于不仁的状态,这就像厌恶潮湿却偏甘居于洼地。倘若真的厌恨耻辱,不如就重视品行的修养并且尊重士人,让贤者有官位,能人有职守。国家安宁了,趁着此时修明政教法律,即使是大国,必定也对此感到害怕。"

孟子为了进一步说明仁的重要性,他作了一个生动的比喻,说:"造箭的难道比制铠甲的更残忍不仁吗? 造箭的唯恐箭不能伤人,制甲的唯恐人被箭所伤。巫和匠的情形也是这样,因此选择谋生之术不能不谨慎。孔子说:'居住在有仁德风气的地方比较好,选择没有仁德的地方居住,怎么算是聪明? ' 仁是上天最尊贵的爵位,是人们最安乐的居所。没有任何阻力却不讲仁德,就是不明智。不仁不智,无礼无义的人,只配被人使唤。"

最后,孟子又把造弓和造箭作比喻,说明胜败、荣辱的关键在自己的"仁"与"不仁"。他说:"为人役使又耻于受人役使,这就好比造弓的人以造弓为耻,造箭的人以造箭为耻。如果感到对此耻辱,不好做到仁。修仁好比射箭:射箭者端正自身的姿势然后放箭,箭射不中,不埋怨胜过自己的人,而是反省自身寻找原因。"

赏析

孔孟之道,在于一个"仁"字。每一个人都有自己"仁义"的标准,我们只要端正好自己的态度去做人做事就没有问题。

有些人遇到事情总是喜欢埋怨他人的不仁义,从来不低头看看自己的言行。参天大树,如果自己的根基都是歪的,看到的整个世界也都是倾斜的。而随着不断长大,歪曲的程度就越深。我们先要端正好自己的姿势,从自身做起,不将目光总是放在别人身上,这样才能体会到真正的"仁"。

贵在树人

释义

指培养自己善良的心性是最为可贵的。

故事

孟子的学生问老师："仁义是什么意思？"孟子说："仁，是人的本性；义是人的大道。放弃了义的正路不走，丧失了的良心不去找，可悲得很呀！人们家里的鸡狗丢失了，都知道去寻找，而善良的心丧失了，却不去寻找。"

接着，孟子又作了一个比喻，他语重心长地说："现在有人，他的无名指弯曲，不能伸直，虽不痛苦，也不妨碍工作，但只要有人能够使它伸直，就是到楚国、秦国也不觉得远，一定要去医好。但他的心性不及别人，竟不知道要医治。"

最后，孟子对"养身"的重要性感叹地说："桐树、梓树，人们如果要使它生长，都明白要去培植，至于人的本身，但有些人却不知道如何去培养。难道保护自身还不如桐树、梓树吗？"这个学生听了孟子的这番教导，心里顿感豁然开朗，明白了仁义和养身的道理，高兴地回去了。

赏析

很多东西，我们可以失去，比如说手中的玩具。但是很多东西，我们不能丢掉，比如说我们向善的心。

任何内心之外的东西，以后都可以通过自己的双手去赢得，而如果我们失去了内心的信仰就很难再找寻回来。我们不要去在意失去的那些爱不释手的玩物，不要在意可口的美食，而要在乎我们内心珍藏的那些宝藏——善良、友爱、热情……

国君大臣

释义

国君和大臣的关系。孟子认为，国君对待臣子应该以礼相待，把大臣看作自己的手足。

故事

春秋战国时代，君臣关系民主得多，真是以礼相待，来而不往非礼也。

有一次，齐宣王问孟子："国君应该如何对待大臣？"孟子听后就开门见山地回答："君主把大臣看得如同自己的手足，那么大臣就会把君主看得如同自己的心腹；君主把大臣看得如同狗马，大臣就把君主看得如同一般人；君主把大臣看得如同尘土、草芥，那么大臣就把君主看得如同强盗、仇敌。"

齐宣王听后感叹地说："君臣的关系讲得多好啊，事实上也是这样。那么，往日侍奉过的君主，大臣应当怎样服丧呢？"孟子说："要看什么样

的君主。君主能够接纳劝谏，听取意见，恩惠下及百姓。大臣因故要离去，君主就派人引导他离开国境，并派人先到他要去的地方做好安排，离开三年不返回，才收回他的田地房产，这叫做'三有礼'。像这样，大臣才会为君主服丧。而现在作为大臣的，劝告不被接受，建议不被听取，恩惠不能降于民众；因故要离去，君主就要扣押他，并派人到他去的地方为难他；刚一离开就没收他的禄田和房产。这样做就是强盗、仇敌所为，对强盗、仇敌还服什么丧呢？"

　　齐宣王听了孟子的话觉得很有道理，决心要把大臣视为手足，力争把齐国治理好。

赏析

　　人与人之间，就是一面回音壁，你对他人发出怎样的"声音"，他人就会怎样回应你。所以，我们总是很在乎别人对待自己的态度，无论是冷漠还是热情，是忽略还是重视……其实人们对待自己的态度往往是对自己行为的反馈。

　　如果我们懂得去善待他人，懂得去关心他人，那么我们就会得到关心，得到温暖。一切都有因果，一切都有缘由，首先从自己做起吧。

旱苗得雨

将要枯死的禾苗得到一场好雨。比喻在危难中得到援助。

故事

孟子拜见梁襄王（梁惠王的儿子），走出宫廷后告诉别人："从远处看梁襄王，不像一个国君的样子，接近他，看不到国君的威严。他突然问我：'天下要怎样才能安定？'我对他说：'天下统一了才能够安定。'

"梁襄王又问道：'谁能够统一天下？'我回答说：'不喜好杀人的国君能统一天下。'

"这时候，梁襄王又问道：'谁会归顺他呢？'

"我立即回答道：'天下没有一个人不归顺他。大王知道那禾苗吗？七八月之间干旱，那么禾苗就枯萎了。这时，天上如果乌云密布，落下了充足的雨水，那么禾苗就欣欣向荣地长了起来。如果像这样，谁能够遏制它呢？当今天下的国君，没有不喜欢杀人的。如果有不喜欢杀人的国君，那么天下的老百姓都伸长脖子来盼望他。如果像这样的话，老百姓归顺他，就好像水往低处奔流，汹涌澎湃，谁能够阻挡得了呢？'"

赏析

当人们渴望一件事物的时候，会不停地去追寻，不停地去想念。此时的心情，就像干涸的大地渴望甘露降临。

我们都有过这样的心情。所以，如果我们能够帮别人解一时之围，一定不要吝啬自己的给予。也许只是举手之劳，但这样的帮助会让他人有莫大的满足。

能轻松地帮助他人，我们何乐而不为呢？也许我们托举一下掌心的那只麻雀，它就能展翅高飞，飞上枝头变"凤凰"。

浩然之气

释义

一般用来形容一种刚正宏大的精神。

故事

孟子通过不断的学习，最终成为知识渊博、见识广博的人。他不但能够识别各种言论的好坏，而且更善于培养自己的浩然之气。

有一次，孟子的学生公孙丑问他："请问先生，什么叫浩然之气？"孟子听罢，回答说："这真是很难说得清楚啊。我自己认为，浩然之气作为一种气息，应该是一种最为盛大、最为刚强的气息，如果我们能够依靠正直的品德去培养它，而不是去伤害它，那么这股浩然正气就会充满在天地之间。浩然之气作为一种气，要与义和道配合在一起才能释放出最大的能量，而没有这些配合，浩然正气就会逐步萎缩。需要提醒的是：浩然正气

本身是通过不断积累正义而产生的,而不是偶然地有过正义的举动就可以获取的。"

孟子继续说:"一个人如果行为有愧于心,那么他自己的气也会随着萎缩了。因此,对于浩然之气来说,就一定要不断地培养它,让它无法停止下来;心里既不能忘记它,也不要妄自助长它,因为妄自助长浩然正气的后果就会像拔苗助长一般。有一个宋国人老是忧虑自己田里的禾苗长不大。有一天,他就把那些禾苗全都拔上了一截,看起来比原来高多了。他既高兴又茫然地回到家中,对家里人说:'今日真累,我把田里的禾苗拔高了。'他儿子听到他帮助禾苗长大,就跑到田里去看。结果,他看到自己田里的禾苗全都枯萎了。天下人没有不希望自己的禾苗长大的,以为没有什么用处而舍弃的是那些不管理耕耘的人。可是为了帮助禾苗生长,而去把它拔高,不但没有益处,反而有害处。"

公孙丑听了孟子的话后,知道了浩然之气的形式、内容和培养方法,高兴地走了。

赏析

天地之间有一股正义之气存在于我们每一个人的内心之中。也许我们并没有发现它,也忽略了它的存在。

到了关键和危急的时刻,我们就会发现它涌上我们的胸口,让我们无畏地勇往直前,去伸张正义,去抛头颅洒热血。举起炸药包的董存瑞也是有这样一股浩然之气,才会让他忘记自我,忘记生死。我们也有这样一股浩然之气,因为我们是热血的少年。

何必曰利

释义

不要把"利益"总挂在嘴边上。在利与义之间，要先讲义。

故事

战国初年，魏国首先成为最强盛的国家。战国中期，魏国接连被齐、秦、楚三国战败，被迫割让了大片国土，逐渐失去了昔日强盛的局面。魏惠王为重振旗鼓，收复失地，便用谦卑的礼节和丰厚的财物招纳天下贤士，希望他们为魏国的强盛出谋划策。当时在齐国闻名的客卿邹衍、淳于髡等人，曾受邀请前往魏国。孟子率领弟子不远千里，风尘仆仆地前往魏国，首次拜见梁惠王时，梁惠王说："老先生，您不远千里而来，一定是有什么对我的国家有利的高见吧？"

孟子回答说："大王，何必开口闭口都是利字呢？只要讲仁义就对了。像大王您说，怎样使我的国家有利？大夫们说：怎样使我的家庭有利？士人和老百姓说：怎样使我自己有利？结果上上下下相互争权夺利，国家能不危险吗？在一个拥有一万辆兵车的国家里，杀害他国君的人，一定是拥有一千辆兵车的大夫；在一千辆兵车的国家中谋杀国君的就是拥有一百辆兵车的大夫。可是，如果把义放在后面而把利摆在前，他们不夺得国君的地位是永远不会满足的。反过来说：从来没有讲'仁'的人抛弃父母，从来也没有讲'义'的人不顾及国君。所以，大王只要谈仁义就行了，何必说利呢？"

梁惠王听后，觉得孟子的话言之有理，只有提倡仁义，才能维护大家

的共同利益,社会才能安定。

赏析

生活有时候现实得残酷,人们为了利益也总是"兵戎相见"。而实际上那些满眼只看得到利益的人,他们未必能够得到幸福和快乐。

小时候我们会为了争夺一个玩具,会为了争夺一块糖而和自己的小伙伴们打得头破血流,但是那样我们其实什么也得不到,即使嚼到嘴里的那块糖也变得苦涩。人生中有很多美好的东西,会丰富我们的内心,会让我们更快乐。找到它,就找到了幸福的根源。

何待来年

释义

为什么还要等到明年呢? 寓意指:知道错了的时候,要及时改正,决不能借故拖延,明知故犯。

故事

宋国有个大夫叫戴盈之,他说:"田租十分取一,取消关卡、集市的赋税,今年还做不到;让我先减轻一些,等到明年再彻底改正,怎么样?"

孟子针对此事,就讲了一个偷鸡人的故事:"现在有一个人每天偷邻居一只鸡,有人告诫他说:'这不是君子的行为。'那人说:'让我先少偷一些,每月偷一只吧,等到明年就完全不干。'如果知道这件事是不对的,就应该马上停止,为什么要等到明年呢?"

孟子就这样以这个故事来说明,明知错了,就应该马上彻底改正,找各种理由,文过饰非,只减轻错误的程度,拖延不改,无非是自欺欺人。孟子的这个故事无情地戳穿了戴盈之的伪善面目,他被说得面红耳赤,不好意思地走了。

赏析

明日复明日,明日何其多。因为懒惰,我们总喜欢把今天的事情推延到明天,总喜欢把明天的事情推脱到后天……直到有一天,我们发现自己一事无成,那时我们已经失去了青春。

作业并不会到了明天就会变少,烦恼并不会因为不去解决就不了了之,我们要趁着今天赶快把今天的事情做完,这样我们的明天才会变得轻松,我们的未来才能从容。

惠王不仁

释义

这里指梁惠王为了争夺土地而发动战争,驱使他喜爱的子弟去战场献身。

故事

春秋无义战,各国之间经常发生战争。有一次,梁惠王对孟子说:"晋国是天下最强大的国家,这是老先生知道的。到了我担任国君,在东边败于齐国,我的大儿子死在那里,在西边丧失国土七百余里给秦国;在南边受辱于楚国。对此我感到莫大的耻辱。我希望能够为牺牲的所有人洗刷仇恨。不知如何做才能达到目的?"

孟子回答道:"占有方圆百里的小国都可以实行王道。大王如果在老百姓中施行仁政,减轻刑罚,降低赋税,深耕土地,及时锄草;农闲的时间对青壮年民众进行孝敬父母、尊敬兄长、忠诚守信于人的教育,在家里可以侍奉父兄,在外可以侍奉尊长,这样,他们就是拿起木棍,也可以打败秦国、楚国那些身披铠甲、手持利刃的军队了。"

但是,梁惠王不相信孟子那一套仁义治国的办法,为了争夺土地发动战争。所以,孟子说:"梁惠王啊真是不仁!仁者把他所喜爱的推及于所不喜爱的,不仁者把他不喜爱的推及于所喜爱的。"

公孙丑问:"老师,这指的是什么呀?"

孟子说:"梁惠王为了争夺土地,不惜民众的血肉之躯使他们作战。大败后不甘心还要再战,恐怕不能取胜,所以驱使他所喜爱的子弟去战场

献身,这就叫做把他不喜爱的推及于他所喜爱的。"

公孙丑听了这一番话后才恍然大悟。

赏析

很多事物都是我们所向往的,有些人往往会因为得不到这些美好事物,就日夜难眠。这是很正常的事情,世界上很多好东西不可能让我们随心所欲地得到。当我们得不到的时候耐心等待,或者静静欣赏就好,就像对于那些美丽的花儿,我们不一定要伸手去摘,把它栽种在花坛里才会长久地欣赏到它们的美丽。如果不择手段地去获取美好,其实往往是得不到的,强硬的手段只会使得物极必反。最后即使摘到了那朵花,它也会很快枯萎。

祸福自求

释义

灾祸和幸福都是自己寻求而来的。

故事

公元前318年,孟子第二次来到齐国。孟子向齐宣王宣传仁政主张

时,首先把是否实行仁政与荣辱联系起来,认为国君如能实行仁政,就会得到荣耀,相反,就会遭到屈辱。孟子指出:"人人都具有喜好荣耀,厌恶屈辱的心理,但仅仅具备这一心理还是不够的,必须采取各种有力措施,才能达到目的。当今的国君,虽然厌恶屈辱,却全不实行仁义,这就像厌恶潮湿而仍在低洼的地方一样。要改变这一状况,就应该在厌恶屈辱的心理基础上,尊崇仁义道德,尊重士人,让有德行的人具有官职,有才能的人具有相应的职务。这样,有德行的人担任官职,就能匡正国君而形成良好的社会风俗,有才能的人具有相应的职务,就能治理好国家政事。国家没有内忧外患,正是大有作为的好时机。趁此修明政治法典,努力使国家强盛,即使强大的邻国也会畏惧它。《诗经》上说:'趁着没有下雨云没起,桑树根上剥些皮将门窗全部都修理。下面的人们,谁敢把我欺!'孔子说:'做这首诗的人,很懂得道理呀!'能治理好国家的人,哪一个敢欺侮他呢?"

于是,孟子接着说:"现在国家虽然没有内忧外患,但国君却怠惰,追求逸乐,纵欲偷安,这等于自己寻求祸害。"在这基础上,孟子提出了"祸福无不自己求之者"的名句,说明灾祸与幸福都是自己寻求而来的。

赏析

命运其实是最公平的使者。那些总是怨叹命运不公的人,往往不是被命运愚弄了,而是被自己捉弄了一番。

当人们努力地去争取幸福,最后得到幸福的概率就越大。而那些不幸的人,如果能抱有一个积极的心态去面对暂时的不幸,或许就会叩开幸运的大门。没有人会永远同情那些不幸者,也没有人不羡慕那些幸运的人,他们的"幸"与"不幸"都是靠自己争取来的,而不是等待来的。

集大成者

释义

指有作为的人。

故事

孟子说,商朝末期住在中国东北方的一个部落酋长——孤竹君的长子叫伯夷,其弟叫叔齐。父死,他俩互相让国,不肯为君,远逃他方。据说,伯夷的眼睛不看不好的事物,耳朵不听不好的声音。不是理想的君主不去侍奉;不是理想的百姓不去使唤。天下太平就出来做官,天下混乱就退隐。凡施行暴政的国家,住有暴民的地方,他都不愿意去住。在商纣的时候,他住在北海边,等待天下的清平。所以听说伯夷的风范后,贪婪的人会廉洁,懦弱的人会立志。接着,孟子讲了第二个圣人——伊尹。伊尹的做法与伯夷相反。他说:"哪样的君主不能侍奉?哪样的百姓不可使唤?社会太平也出来做官,社会混乱也出来做官。"他还说:"老天爷生下这些百姓,就是要先知先觉的人来开导后知后觉的人。我就是这些人中的先觉者,我要以尧舜之道来开导他们。"

"柳下惠不把侍奉恶君当羞耻,也不因官小而辞职。"孟子又讲到了第三位圣人。"柳下惠立于朝廷,不隐藏自己的才能,但一定按原则办事。自己被遗弃,也不怨恨;身处困境,也不忧愁。同老百姓相处,高高兴兴不忍离开。所以听到柳下惠的风范后,胸襟狭窄的人也宽大起来,刻薄的人也厚道起来。"

孟子讲到最后一位圣人是孔子。他说:"孔子离开齐国,不等把米淘

完,沥干就走；离开鲁国时,孔子却说:'我们慢慢走吧。' 这是离开父母之邦该有的态度。该走的就走,该留的就留,该隐退就隐退,该做官就做官,这便是孔子。"

最后,孟子总结道:"伯夷是圣人中的清高者,伊尹是圣人中的负责任者,柳下惠是圣人中的随和者,孔子是圣人中的识时务者。孔子可以称他为集大成者。'集大成'的意思,就像奏乐,先敲钟,是乐章节奏的开始,然后用玉磬来给乐章收尾。条理的开始在于智,条理的终结在于圣。智好比技巧,圣好比气力。犹如在百步之外射箭,射到,是靠你的力气;射中,则要凭你的技巧了。"

赏析

任何事物都有自己本身的特点,我们将这些特点融合起来就是一个完美的整体。一幅完美的画卷,既有清淡的墨香,又有上好的卷轴,更有美丽的图案跃然于纸上。这些都是缺一不可的,缺少了一样便难称之为完美无瑕的画卷了。

因此,我们不要小看身边的人,每个人都有自己的长处,要学会去发现别人的长处,而不要一味地去指责他人的短处。学习别人的长处,集合他人的优点,这样我们就能不断地完善自己,塑造自己。

济世救民

挽救天下,拯济百姓。

故事

　　孟子怀抱着"安天下"的大愿,对齐王寄予很高的希望;他为济世救民采取耐心的等待,但齐王没有采纳他的建议,于是他在无可奈何的情况下离开了齐国。

　　孟子离开齐国后,齐国人尹士对人说:"不知道齐王成不了汤武那样的圣君,就是不明智;知道他不行却仍来齐,就是贪图富贵。不远千里来与齐王相见,得不到赏识因而离去,在昼邑住了三天才动身上路,为什么行动这样迟缓呢? 我对这种做法不以为然。"孟子的弟子高子把这话告诉了孟子。

　　孟子听了后感叹地说:"这尹士怎么能了解我呢? 不远千里来见齐王是我的愿望,因为话不投机而离去难道是我所希望的吗? 我实在是不得已呀! 我在昼邑住了三天才动身上路,在我心里还觉得太仓促,齐王说不定会改变主意。齐王如果改变主意必定要召我返回,离开了昼邑而齐王并未追召我返回,我才断然决定返回故乡。我这样做,难道是愿意舍弃齐王吗? 齐王还是有办好政事的条件的,他若任用我,那么就不只能使齐人安居乐业,天下人也都安居乐业。齐王也许会改变主意,我天天都在盼望。我难道会像那些心胸狭窄的人一样吗? 像他们这种人,如果向君主进谏而不被接受就怒形于色,辞官离职了就要尽力地走上一天才肯歇宿。"

尹士听了这些话后,惭愧得很,于是自言自语道:"我真是个小人呀!"

赏析

做一件正确的事情很难说能够一帆风顺,总会遇到些许挫折。但是面对这些挫折,我们不要轻言放弃,要有耐心等待和坚持。不要因为一时的不得志就开始怨天尤人,就开始放弃自己,这是不可取的。只有努力、坚持的人,才能够更接近成功。那些轻言放弃的人,只会在黑暗中呜咽,止步不前。人,或许某一阶段在黑暗中走了很久,似乎没有了前路。其实,再坚持走一段,就会看见荆棘中的光亮,那便是希望。

坚甲利兵

释义

坚固的盔甲,锋利的兵器。比喻精锐部队。

故事

孟子来到魏国,拜见梁惠王。梁惠王很高兴,向他请教治国的方法。梁惠王说:"过去魏国很强大,当时天下没有别的国家能够比得上,这

一点你是很清楚的。如今到了我这一代,在东边同齐国打了一仗。结果打了大败仗,连我的大儿子也牺牲了;在西边又被秦国打败,丧失了河西七百里土地;南边的楚国又抢去我的八座城镇。我感到这实在是奇耻大辱,一心想为我国所有的战死者报仇雪恨,你认为怎样做才行呢?"

孟子听了之后回答说:"只要有方圆一百里的地方就可以施行仁政,使得天下归顺,何况魏国是个大国呢? 如果你能够对人民实行仁政,减轻刑罚,降低赋税,让老百姓能够深耕细作,使年轻人能有空闲时间学习礼仪,孝顺父母,敬爱兄长,做事尽心尽力,待人忠厚诚实,办事信守诺言,在家能侍奉父兄,出去为国家做事服从上级,如果这样的话,即使手拿木棒也可以抗击秦国和楚国的坚甲利兵。"

梁惠王听了这一番道理,连连点头。孟子继续分析秦国和楚国的治国情况,说:"秦国和楚国无时无刻不在征兵募丁,剥夺了百姓的劳动时间,使得他们不能够耕种田地,无法养活父母。他们的父母受冻挨饿,兄弟和妻子儿女离乡背井,四处逃难。秦王和楚王使他们的百姓陷在水深火热的痛苦之中,您带领军队前去讨伐他们,那有谁能抵抗得住您呢? 有这样一句话:'仁德的人是天下无敌的。' 请您不要再疑虑了!"

赏析

"磨刀不误砍柴工。"很多人做事情都是目的明确,总是刻意地去追寻结果。实际上,这样毁掉了事物的根基,反而让目的难以达到了。就像有些同学总是为了考试有一个好分数,去努力地学习,甚至是不择手段地去获取漂亮的分数。但是他们却忘记了,考试的初衷是为了什么——不是为了分数,而是为了让我们去了解世界、探索世界。

涸泽而渔是不能长久的,也难以实现自己最初的梦想。真正聪明的

人,不会一味地去走捷径。他们会潜心静气地来磨炼自己,为成功做好准备,那样成功会一点点靠近他们。

见一善行

释义

听到一句有益之言,或者看见一种善行,便毫不动摇地拿来实行。

故事

孟子认为,古代的舜十分伟大,他能取人之长,补己之短,虚心接受人家的意见。因此他就说:"子路是别人指出他的错误就高兴;大禹则听到有益的话就下拜;而舜又比他们两个更伟大,能同他人一起行善,放弃自己的错误,听从他人的正确意见,乐于吸取别人的优点。舜从种庄稼、制陶器、打渔到成为天子,优点都是从别人那儿学习来的。"

孟子特别崇拜舜的为人,他说:"舜居住于深山之中,与树木山石为邻,与麋鹿野猪同行,他的打扮与居于深山的草野之人几乎没有什么差别。但当他听到一句有益之言,或者看见一种善行,便毫不动摇地拿来实行,就如同决口的江河,蓬勃向前没有任何力量能阻挡的。"

孟子讲完这些话后,从内心深处发出感叹说:"舜真是伟大啊,不愧为历史上的圣贤!"

赏析

"不以恶小而为之,不以善小而不为。"人生的旅途总会遭遇到形形色色的人和事,我们或许总会有迷茫的时候,不知道怎么去应对这些纷繁复杂。逃避不是解决问题的办法,因为问题不会平白无故地消亡。当我们不知所措的时候,我们要时刻记住:向善而行。这样,我们就不会走错路,就不会与我们内心的信仰背道而驰。

让"善"伴随着我们走下去,路上会有鲜花,还有那些感激的目光,可以让我们一直快乐和幸福着。善良的人,永远不会丢掉向善的心。

教以人伦

释义

用伦理道德教化百姓。

故事

周显王四十七年(公元前 322 年),孟子受滕文公的聘请而前往滕国。孟子在滕国期间,多次与滕文公交谈,积极劝告滕文公实行仁政。孟子的一些仁政主张得到滕文公的采纳,在诸侯国中造成了一定的影响。楚国的农家代表人物许行仰慕滕文公的仁政,率领几十名弟子来到滕国。楚

国儒生陈良的学生陈相和弟弟陈辛，也携带农具从宋国来到滕国。这两派人都主张自食其力，身体力行。农家许行开始仰慕滕文公的仁政，后来逐渐产生了怀疑和不满。他否认社会分工，主张国君应该与百姓共同耕种来供给生活，自己烧火做饭，同时又治理国家。这一观点，实际上是批评孟子在滕国宣传的"没有官吏，就无法管理百姓；没有百姓，就无法养活官吏"的社会分工论。这样，孟子不得不接受农家的挑战而回击。

为了论证实行社会分工的论点和批驳许行否定社会分工的观点，孟子采用多层次反复证明的方法，铺叙描述了古圣先贤忧虑百姓、发展生产、安定社会、加强教化的功绩。他指出尧忧虑百姓苦难，选拔舜治理百姓，舜派大禹治理水患。后稷教导百姓种植庄稼，栽培谷物。谷物成熟了，便能养育百姓。在这基础上，孟子提出了"人之有道，教以人伦"的名句。

赏析

人与人之间的关系是最为微妙的，维系人们之间的纽带是感情。我们在学校有和老师的师生之情，有和同学的同窗之情，在家里有和父母的血缘亲情。而当某一天，我们走上社会，要接触更多的人，更多未知的世界，或许就会不知所措了。

我们要学会处理好人与人之间的这种关系，这样我们才能够在自己的生活圈中，如鱼得水。如果处理不好关系，保持不好距离，就会像不断摩擦的锅碗瓢盆，时间长了会磨损自己的心灵。

懂得与人和谐相处，即使两个人相交了，那也是优美的乐章。

尽信书，则不如无书

释义

读书时应该加以分析，不能盲目地迷信书本，应当辩证地去看问题。

故事

《尚书·武成篇》记载着周武王讨伐商纣王的一段历史。在这段历史记载中，说到双方战争非常激烈，尤其是在殷商的都城朝歌以南约三十里的牧野地方展开的一场恶战，直杀得天昏地暗，"血流漂杵（chǔ）"。

杵，是古代舂米用的木棒。战场上的血，把舂杵都漂浮起来了，试想这是多大的伤亡呀！可是孟子却不相信这段记载，他说，"血流漂杵"的描写是夸张过度，不符事实的。他认为，伐纣的武王军队，是仁义之师，当时殷人都痛恨纣王，拥护武王，武王怎么会滥杀人民呢？而且纣王的军队，当时纷纷起义，武王很快就进入了朝歌，又怎么会展开那样激烈的战斗呢？所以《孟子·尽心篇》记载着孟子的这一段话，说："尽信《书》，则不如无《书》。我对于《武成》那一篇，所取的不过两三页而已。仁义是无敌于天下的，以仁义之师讨伐最不仁义的暴君，怎么会流那么多血，甚至于'血流漂杵'呢！"

可见孟子并不一味迷信古书。但是，"血流漂杵"这句话，后来仍然保留了下来，人们用它形容战争中杀人之多，同"血流成河"、"血流成渠"等意思相仿。

赏析

读万卷书、行万里路是有识之士所追求的。书是好东西,是他人思想和经验的总结。书可以带我们走过山川,穿过河流,历经大千世界;书也可以带我们穿梭时光,回到过去,体会那些我们不曾体会的生活。书可以把很多东西都凸显出来,成为我们成长的营养。但是书毕竟只是书,只是前人总结的经验。这些东西可能是对的也可能有偏差,可能在千百年前是真理,千百年后就成为我们的思想禁锢。

千百年前,书曾经告诉我们:地球是方的。千百年前,书曾经告诉我们:月亮上住着玉兔嫦娥。等到今天,环游了地球的人们,遨游了太空的人们才发现书中的谬误。书给我们的营养,我们要吸收,但是更要去思考,更要去人生路中不断去探究。

拒人千里

释义

形容傲气极大,不愿与人接近或毫无商量的余地。

故事

战国时,孟子门下生徒众多。有一次,鲁国国君鲁平公准备任用孟子

的学生乐正子主持国政。对此，孟子喜出望外，高兴得一连几夜都睡不着觉。

公孙丑看到老师如此高兴，就问他说："鲁平公任用乐正子主持国政，难道他真的很有本领吗？"孟子知道公孙丑的意思，回答说："不是，如果论本领，他的确不如你。"公孙丑说："那么，他考虑问题很全面吗？"孟子说："不，也不如你。"公孙丑说："他的见闻和知识比我多吗？"孟子说："也不是。"公孙丑说："那么先生为什么如此快乐，甚至还睡不着呢？"

孟子微微地笑了笑，沉吟了一会儿，才接着说："他最大的长处是对人很好。"他见公孙丑摇了摇头，似乎不同意他的说法，就继续说道："对人很好比天下所有的事情都重要，何况一个鲁国的事情！如果一个人对人好，那么，四海之内的人都会聚集在他的身边，给他提出各种好的建议。相反，如果一个人对人很差，自以为是，那傲慢的声音和脸色就会拒人于千里之外！别人说什么，他把脸一沉，说：'我早就知道了。'这样还能听到什么好的意见、建议呢？相反，那些阿谀奉承之徒就会说长道短，搬弄是非，政治就会搞得一塌糊涂。这样，能够治理好国家吗？"

公孙丑终于明白了老师的意思。

赏析

万物生长，都需要热情的阳光，所以温暖的春天百花盛开。而寒冷的冬天，是万物凋零的时节。

人也一样。摆起一张冷冰冰的脸，自然会拒人于千里之外。每个人都渴望受到热情的对待，而不是冷漠和忽略。当我们走在人生路上，不要只低头忙着赶路，记得给过往的人们一个热情洋溢的笑脸吧，那样会温暖了他们，更温暖了自己。

掘井之譬

释义

比喻做事情要有始有终,决不能半途而废。

故事

孟子主张仁义治国,他的学生问:"如何得到仁义呢?"

孟子回答说:"对仁义礼智,探求便会得到,放弃便会失去,这种探求有益于获得,因为所探求的对象存在于自身之中。"为了说明这种探求的程度,孟子就用了一个形象、生动的比喻:"探求仁义礼智,乃至做一切事情,好比掘井一样,井掘到九仞深,还看不见泉水,仍是一口废井。"

这个学生听后,明白了探求仁义一定要有真心,要有始有终,决不可半途而废。

赏析

挖井,只有挖到一定深度才会有井水涌出来。在水出来之前,我们挖出的泥土都是为获取甘甜井水所作的准备。但是,很多人挖不到井水,就放弃了,就认为是一口枯井。那么,之前的所有努力都会成为无用功。

半途而废,是最不明智的行为。要么就不做,要么就一直坚持到底。走到半路再回头,我们已经浪费了多少青春和气力,已经错过了多少机会?

只要找到自己认定的那口井，就请坚持下去吧。还没有挖到井水，是因为自己的努力不够。越难掘的深井，喷薄得越高，"石油"就是从深邃中打捞到的。

君臣相悦之乐

释义

国君和大臣相悦的音乐。在孟子看来，国君与天下百姓同乐同忧，才能实行王道。

故事

雪宫，是齐宣王的郊外别墅，其中有台、池、鸟、兽供人游览。齐宣王款待孟子住在雪宫。他夸耀以这样的娱乐胜地优礼孟子，于是问孟子道："贤能的人也有这种快乐吗？"

孟子回答说："有。如果人们得不到这种快乐，就要抱怨他们的国君。得不到这种快乐而抱怨他们的国君，是不对的；然而做人民的国君而不同人民共享快乐，也是不对的。国君以人民的快乐为自己的快乐，人民也会以国君的快乐为自己的快乐；国君以人民的忧愁为自己的忧愁，人民也会以国君的忧愁为自己的忧愁。国君与天下的人民同乐，与天下的人民同忧，如果这样做了还不能实行王道，是绝对不可能的。"

孟子为了证明自己言论的正确,他想到了齐景公有关娱乐的往事。他接着说:"以前,齐景公向晏子问道:'我想要到转附、朝儛(wǔ)两山去游览,然后沿着海岸向南行走,一直到琅邪。我应该如何做才能比得上先王的巡游呢?'"

"晏子回答说:'您问得真是好啊!天子到诸侯国去叫做巡狩——巡狩就是巡察各个诸侯国所拥有的疆土。诸侯向天子朝拜称作述职——述职就是汇报自己所担负的职责。没有不跟政事相联系的。春天去视察耕作而补助不足,秋天去视察收成而救助缺粮户。现在却不是这样,国君一出巡,就要下面筹粮筹款,因而饥民吃不上饭,劳动者得不到休息。人们愤怒地侧目而视,都抱怨国君的出巡,老百姓只得作恶做坏事。这种巡游违抗天命而虐待百姓,大吃大喝,挥霍浪费有如流水。这种流连逸乐的行径,让诸侯们都感到担忧。古代圣王没有流连忘返的游乐,也没有狩猎酗酒的行为。现在就要看大王作何种选择了。'"

齐景公听后很高兴,决心以古代圣王为榜样,在国都做了充分准备,然后到郊外住下来,拿出钱粮救济衣食不足的百姓,并让乐官创作君臣同乐的歌曲。

赏析

只有一个人的快乐是苍白无力的,即使能够孤芳自赏也很难长久。再美的东西也需要别人的欣赏,再精彩的演出也需要观众的掌声,再出色的才华也需要仰慕者的喝彩。和别人一起快乐,和别人分享自己的快乐,这样才能够使得快乐变得长久,变得相得益彰。

人世间没有孤独的快乐,一个人独舞,只会在孤独中枯萎下去。快乐其实就是与他人一起去品味人生之中的酸甜苦辣,那才是人生中最精彩的事情。

君子之忧

释义

指君子的忧虑。孟子说，君子有终身之忧，无一朝之患也。君子的忧虑在忧国忧民。

故事

孟子认为君子应该严格要求自己，不断提高自己，用自我检查的方法克服从外界所遭受的委屈、困难，决不因此动摇自己的意志。因此，他说："君子和常人的区别，就在于他的存心。君子把仁爱存于心，把礼让存于心。仁人爱护他人，有礼的人尊敬他人。爱他人的心常常被人爱护，敬他人的人常常受人尊敬。假如这儿有个人，他蛮横粗暴地对待我，那么君子必定会反躬自省：我一定是不仁，一定是无礼，否则怎么会发生这样的事呢？他反省做到了仁，反省做到了有礼。而那人的蛮横粗暴依然如故，君子再反躬自问：我一定是不忠，自省做到了忠。而那人的蛮横粗暴不变，君子就认为：这不过是个狂人而已。像这样，与禽兽有何区别？对禽兽又有什么可计较、责难的呢？因此君子有终身的忧虑，而没有一时的担心。至于他所忧虑的事情比如有：舜是人，我也是人。舜为天下做了榜样，可以传到后世，我则还不免是个乡里的普通人，这才是我值得忧虑的。忧虑这些又怎么办呢？向舜学习就行了。至于君子担心的事就没有了。不仁的事不干，无礼的事不做，即使有一时的祸患，君子也不用担心的。"

孟子就这样从爱和敬两方面达到自己最大限度的努力，思想上就会轻松愉快，放下包袱，做一个名副其实的君子。

赏析

大家都渴望成为君子,渴望有君子那样的气度。但是想成为君子,就得先做到君子应当做到的事情:对人彬彬有礼,尊重有加,有情有义。

我们总希望别人对我们做到这些,但我们却往往放松对自己的要求。我们要学会尊重身边的每一个人,即使是我们不喜欢的人,因为尊重他人是最基本的道德,这样才是一个有礼有节的君子。

君子,与人相敬如宾;君子,与人宽仁为怀。

君子志道

释义

包含两层意思:一方面指基础要扎实,要循序渐进,逐步通达;另一方面指立志要高远,胸襟要开阔。

故事

泰山别名岱宗,是五岳之首。有一年,孔子游历泰山,看到它突立在郁郁葱葱、莽莽苍苍、一望无际的齐鲁大地上。泰山神奇秀丽,山峰巍峨,把山北山南的傍晚和早晨的景色分割了开来。孔子在泰山脚下,先远看

近望,之后又注目观景,只见山中云气迷漫,层出不穷,看了觉得胸襟也为之激荡开阔。孔子一直观赏到傍晚还舍不得离开。因此,他下了决心,一定要登上泰山顶峰,那时去看周围所有的山峰,便都在泰山脚下而显得又矮又小了。因此,孟子根据孔子登泰山的经过,展开丰富联想:把所谓"圣人之门"比作海,见过海的觉得寻常沟池的水太不够了,进入"圣人之门"的,觉得"一家之言"不够味了。于是,孟子说:"孔子登临东山便觉得鲁国小了,登临泰山便觉天下小了。所以观看过大海的人很难再为一般的水流动心,游学于圣人之门的人很难再为一般的言辞动心。观水有观水的方法,一定要观赏它壮阔的波澜。日月有光辉,能透光的缝隙就一定能照到。流水这东西,不把坑坑洼洼填满就不再向前,君子有志于大道,不到一定的程度就不能通达。"

孟子就这样,通过登山观水的平常事情深入浅出地说明了伟大的成就就是寻常的业绩,是有步骤、有条理的点滴积累,是通过坚持不懈的劳动来完成的。

赏析

很多人登上了一座山峰,就以为登上了顶峰,洋洋自得起来,岂不知"一山还比一山高"的道理。聪明的人登上一座山峰,不会因此而骄傲,更不会因为登上了小小的山峰就停止了前进的步伐,他们会望见远处更高的山。他们会继续往前走,每一次都超越以前的山峰去爬更高的险峰,不断地累积,不断地挑战,和生命一样延续下去。

也许他们中间的有些人会爬到最高的山峰,有些人却永远难以达到,但是他们已经一步步靠近了,这就是一种成功。

劳心者

释义

劳心者是相对于劳力者而言的。劳心者,泛指脑力劳动者,劳力者泛指体力劳动者。

故事

孟子在滕国时,有个叫许行的人,他听说滕国的国君滕文公能实行仁政,就从楚国到滕国来,宣传自己的学说。

许行带了几十个门徒,都穿着粗麻布的衣服,靠打草鞋、织席子来生活。他们主张"君民并耕",强调国君应该跟老百姓一起种田来获取口粮,还要一面自己烧饭吃,一面兼做治理百姓的事。他认为滕文公没有这样做,所以算不得一位好国君。

陈相、陈辛两兄弟,本来是学儒家学说的,兄弟俩背了农具从宋国来到滕国,见到许行。他俩听了许行的主张十分佩服,完全抛弃了自己原来学的东西,转向许行学习了。

有一次,陈相碰到孟子,就大大地吹捧起许行来,孟子对许行的学说大为不满,同陈相展开了一场针锋相对的辩论。

孟子问:"许行一定要自己种粮食才吃饭吗?"

陈相回答说:"是这样的。"

"许行一定要自己织了布才穿衣服吗?"

"他只穿粗麻布衣服。"

"许行戴帽子吗?"

"戴的。"

"戴什么帽子？"

"戴白绢帽子。"

"是他自己织的吗？"

"不，是用粮食换来的。"

"许行为什么不自己织绢做帽子呢？"

"因为那样就会影响他干庄稼活。"

"许行也用锅子做饭，用铁器耕田吗？"

"对。"

"这些饮具和农具是他自己制造的吗？"

"不，是用粮食换来的。"

于是，孟子就发表议论说："农夫用粮食换炊具和农具，不能算是损害瓦匠和铁匠，那么，瓦匠和铁匠拿炊具和农具来换粮食，难道能说是损害了农夫吗？而且许行为什么不自己烧窑、炼铁、做各种器械，把一切东西都储备在家中随时取用，而要一件一件地跟各种工匠去交换？为什么许行不怕麻烦呢？"

陈相回答说："各种工匠的活儿本来就不是在种地的同时可以兼着干的。"

孟子抓住陈相的话来反驳，说："那么，难道治理国家的事独独可以在种地同时去兼着干吗？事实上应该是各种事情都有分工，有君子的事务，有小人的事务。以一个人的生活来说，各种工匠的制品都不可缺少，如果一定要自己制作的才能使用，这是率领天下人在道路上疲于奔命。所以说，有的人动脑筋，有的人出力气，动脑筋的统治别人，卖力气的受人统治，受人统治的养活别人，统治别人的接受供养，这是天下通行的道理。"

赏析

世间的事情是没有卑贱之分的,不管是建筑工人,还是科学家,都应该受人尊重。只不过有的人使用体力,有的人使用脑力,这不是因为人的高低贵贱之分,而是因为职业的分工不同而已。

我们只有努力学习知识,积聚自己的才华才能够对自己的人生有所选择。所以,无论所从事的社会分工作如何,都要学会动脑子,要学会去思考,才能对社会有更大的贡献。

乐以天下,忧以天下

释义

与天下人同乐,与天下人同忧。

故事

周慎靓王三年(公元前 318 年),孟子第二次出游齐国。有一天,齐宣王在自己的别墅雪宫中会见孟子。他观看着翩翩起舞的乐队,环顾四周美丽的园林风光,洋洋得意地询问孟子说:"有道德的贤人也会这样快乐吗?"孟子回答说:"有啊!谁有了这种美好的园林风光,都会感到十分快乐,不过一般的百姓享受不到这种快乐,便会埋怨国君了。百姓因享

受不到这种快乐,就责怪国君,这当然是不对的。但作为国君不能与百姓共同欢乐,也是不对的。"于是,他提出了"乐以天下,忧以天下"这句名言,要求国君与民同忧同乐。他认为,"国君把百姓的欢乐当做自己的欢乐,百姓也会把国君的欢乐当做自己的欢乐;国君把百姓的忧愁当做自己的忧愁,百姓也会把国君的忧愁当做自己的忧愁。与天下人共同欢乐与忧愁,这样的国王还不能统一天下,是从来没有过的事情。"

为了说明这个道理,孟子引述了春秋时期宰相晏婴劝谏齐景公要与民同忧乐的故事:古代天子出游叫巡狩,是他的职责。他春天出游,是检查春播如何,对贫苦农户加以补助;秋天出游去考察收获,看看谁缺粮需要救济。而现在君王出游,兴师动众,寻欢作乐,乐而忘归,哪里想到百姓的痛苦呢? 君王准备怎样出游,就得认真考虑了。

赏析

"事不关己,高高挂起"是一些人的人生态度,他们认为这是理所当然的事情。但是当自己遭遇了不幸,却没有人同情,也没有人过问的时候,他们就会知道自己的错误了。

这个世界上的很多事情,很多人都是息息相关的,就如同"蝴蝶效应"的道理一样。世界其实是我们每一个人的,没有谁能够单独存在。我们要学会与天下人同乐,与天下人同忧,这样才是这个世界的一分子,才会和他人紧紧地联系在一起,不会被世界抛弃。

礼重

指礼仪很重要。

故事

儒家学说认为，"礼"是用来调节"欲"的，表现在形式上是有拘束性的。两者发生矛盾的时候怎么办？"食"和"色"是人们生活中最普遍的必须解决的"欲"，和"礼"发生矛盾的可能性最大，所以有一位任国人对此提出问题。

当时，屋庐子不能回答，第二天到邹国去，把这话告诉了孟子。

孟子说："回答这样的问题，有何难处？不度量地基的高低而只比较其顶端的高低，那一寸厚的木块可以使它比尖尖的高楼还高。我们说金子比羽毛重，难道说一点点金子比一大车的羽毛还要重吗？拿饮食重要方面和礼的细节相比较，何止是饮食重要？拿婚姻的重要方面和礼的细节比较，何止是娶妻重要？你就这样回答他吧：'扭折哥哥的手臂，去抢夺他的食物，便可以得到吃的；不扭折哥哥的手臂便得不到吃的，那你会去扭吗？爬过东邻的院墙去搂抱未出嫁的女子，便得到妻子；不搂抱，便得不到妻子，那你会去搂抱她吗？'"

屋庐子听了孟子的一番教导后，顿时恍然大悟，认识到如果不义，如果违反了不争夺、不淫乱的原则，那是要坚决反对的。

赏析

有礼天下随行，无礼寸步难行。人与人之间是需要礼仪的，这是互相之间的尊重。如果对师长没有礼仪是不尊师重道的表现，对父母没有礼仪是不孝的表现，对朋友不讲礼仪是目中无人的表现。

如果这个社会失去了礼仪会成为什么样呢？那么还有谁去尊重别人，谁又还能被尊重呢？礼仪是立人之本，只有懂得这个，我们才能够懂得怎样立人处世。

龙断

释义

龙断指垄断。本意指断而陡峭的冈垄。后引申为把持集市，牟取高利。

故事

孟子在齐国为客卿数年，总是和齐王貌合神离，不被信任。此时，孟子知道齐王终究难以有为，不得已，辞去官职要回乡，齐王亲自去看望他，说："以前巴望见到您而不能见到，后来得以君臣同朝共处，我非常高兴。现在您却要抛下我归乡，不知道此后还有机会再相见吗？"孟子说："我不敢要求，但内心希望能再见。"

后来有一天,齐王对齐国大臣时子说:"我想在都城中赐予孟子一处住处,以万锺粟米供养他的弟子,让大夫和国人都有所效法,你何不替我转告孟子?"

这时候,时子委托孟子弟子陈子转告孟子,陈子就把时子的话告诉了孟子。孟子就说:"那时子哪里知道这事不可行呢? 假如我想发财,辞去十万锺粟米去接受这一万锺粟米,这是想发财吗? 季孙曾说:'奇怪呀,子叔疑这个人! 自己做官没有被任用就罢了,又让自己的兄弟儿子去做卿大夫。人谁不想富贵? 他却想把富贵私自垄断起来!'"

孟子说完后不禁联想到:王君尊敬贤人,要和他共治国事,有职有权,如同尧对待舜那样;如果不被重用,就等于侮辱贤人当做"犬马"养着。在贤人这方面,如果"谏不行,言不听",就该走开。

陈子听了这番话后,感到孟子拒绝"万锺"的态度很坚决,并且这也是对齐王的辛辣讽刺呀!

赏析

当自己的才华得不到施展的时候,我们可以选择离开。鲸鱼就要选择大海,而不是小水池。很多时候,自己的路走得并没有那么平坦顺畅,那并不是自己的原因,可能是外界的制约一直限制了自己。就像关在笼中的雄鹰,谁能知道它能够展翅高飞呢?

是雄鹰,就是要学会找到自己的天空去飞翔,不要把自己限制在无法展翅的囚笼里。因此,要明白自己所处的位置,要看清自己的才能,才能够对号入座地找到自己的完美落脚点啊!

茅塞顿开

释义

形容闭塞的思路,由于得到了某种事物的启发,豁然开朗,明白了事物的内在含义。

故事

孟子有一个学生名叫高子,他向孟子学习知识,但是经常是三天打鱼,两天晒网,后来甚至半途又改学别的。因此,孟子作了一个恰当、生动的比喻:学习要循序渐进,一步一个脚印,正如小蹊走成大路一样,不断得到提高;如果学习中断,正如熟路变成荒径、茅草丛生一样。现在,茅草堵塞了你的心。

高子听了孟子的教导,顿开茅塞,认识到学习知识一定要持之以恒。后来他迷途知返,认真学习知识,终于成为一位著名的学者。

赏析

我们每个人的心都被"茅草"堵住过。在求知的道路上,我们可能迷茫,可能不知道往哪里去。但是我们不能因此而放弃心中求知的愿望,那样只会让我们和自己的理想渐行渐远。很多事情,都要不断探索、不断钻研才能够消除谬误,得出真理。

有些路要多走几遍,才不会让荒草丛生,堵住内心;有些事情要多做几遍,才不会感到生疏,熟能生巧。

在求知的路上,我们可能要来来回回很多遍,不要失去耐心,那只是上天让我们熟悉这条路而已。不知道哪天,我们就会驾轻就熟了。

孟子好辩

释义

孟子喜欢与人辩论。

故事

公都子对孟子说:"外人都说夫子您好辩,敢问您这是怎么回事呢?"

孟子说:"我哪里好辩! 不过是不得已而为之。"

大概也是听说孟子好辩,匡章找到孟子,对他说:"我听说陈仲子是一个很廉洁的人。他住在於陵,三天没有吃的,耳朵听不到,眼睛看不见。井上有李子,虫子已经吃掉一大半,他爬过去拿来吃,吞咽了三口,然后耳朵才能听,眼睛才能看。可是他就是不肯多吃一口。因为李子是别人的啊。"

孟子说:"在齐国士人中间,我一定是把仲子当做是出类拔萃的人的。但是仲子又哪里做到了廉洁呢? 要彻底保持仲子的操守,那只有变了蚯蚓才行。蚯蚓,在地上吃干土,在地下饮泉水,一点也不沾别人的东西。至于仲子,他住的房子,是像伯夷那样的人建造的呢,还是像盗跖那样的人建造的? 他吃的粮食是伯夷那样的人种的呢,还是盗跖那样的人

种的？这是我不知道的。"

匡章说："这有什么关系呢？他亲手编织鞋子，妻子织麻漂麻，是拿这些交换来的。"

孟子说："仲子家是齐国的名门望族。他的哥哥陈戴，在盖邑收取的俸禄有好几万石。仲子认为哥哥的俸禄是不义之财，不吃它；认为哥哥的房屋是不义之产，不去居住；避开哥哥，离开母亲，住在於陵。有一天回家，适逢有人送给他哥哥一只活鹅，他看到了，就皱着眉头说：'要这东西干什么！'又一天，他母亲杀了这只鹅，给他吃了。正好他哥哥从外面回来，说：'这就是那只鹅的肉呀。'仲子一听，便跑到外面去吐了出来。母亲做的食物不吃，却吃他老婆做的；哥哥的房子不住，却住在於陵，这还能说他事事做到廉洁吗？像仲子这样的人，只有变成蚯蚓才能彻底地体现他的操行。"

赏析

人们都希望自己能够能言善辩，可是能言善辩会带给我什么呢？当然如果在法庭上，在辩论会上，在演讲台上，能言善辩是一种优秀的能力。但是，如果在日常生活中要展示自己的能言善辩，只会讨得没趣而已。

如果一味地要和人争辩，只会让别人厌恶我们。也许某些时候，我们还在为争辩中取得胜利而洋洋自得，但怨恨已经在他人的心中产生了——争论中永远不会产生赢家，即使你在争论中赢了，但是在人生的博弈中却已经输了。

藐视大人

释义

轻视,小看诸侯。大人,指诸侯。

故事

孟子为了实现"仁政"理想,以"舍我其谁"的气魄,"任重道远"的使命感,在各诸侯国之间奔走呼号。当时在各诸侯国之间游说的说客很多,他们有的专搞权谋机诈,有的一味逢迎拍马。而孟子却始终保持自己的独立人格,从不拿原则做交易。张仪、公孙衍是当时两个很会投机取巧的游士。有一次,孟子的弟子问孟子:"张仪、公孙衍那样的人,说出话来在诸侯之间举重若轻,难道不是大丈夫吗?"孟子轻蔑地回答道:"他们算什么大丈夫?没有一贯的政治主张,只会一味顺从附和,他们只是小媳妇罢了。富贵不能淫、贫贱不能移、威武不能屈,这才是大丈夫的精神!"

孟子傲然藐视那些高高在上的王侯,公然提出"民贵君轻"的口号,痛斥那些暴君为独夫民贼。他说:"游说大人物,就得从心底里藐视他们,别把他们那高高在上的臭架子放在眼里。他们的殿堂好几仞高,他们的屋檐好几尺宽,我一朝得志,不会这样做。他们面前的菜肴足足摆满一丈见方,侍候的姬妾几百人,我一朝得志,不会这样做。他们酗酒狂欢,纵马射猎,跟随的车子上千辆,我一朝得志,不会这样做。他们所有的,都是我所不屑为的;我所拥有的,都符合古时的法度,我为什么要畏惧他们那臭架子呢?"由于孟子敢于藐视任何大人物,尤其是脑满肠肥、不学无术的

大人物,弄得那些君主们狼狈不堪,威风扫地。

赏析

很多人是值得我们去尊敬的,但是还有很多人并不值得我们去推崇。也许他们风光无限,但是风光无限背后却有可能有很多的不堪。

一件漂亮的裘皮大衣,看起来很美好,但是也许里面长满了蛀虫。我们看不到蛀虫,只看到了美好,当然是趋之若鹜了。如果是内质美好的事物,即使外表有些破败我们也大可不必在意。

我们在乎的是那些本质的东西,而不是虚荣的外表。只有根是完好无瑕的,花朵才绽放得美丽。否则,只会是昙花一现而已。

民贵君轻

释义

人民比君主更重要。这是民本思想。

故事

春秋时郑国杰出的政治家子产,主持郑国的国政,用自己的座车在溱水洧水边帮助别人过河。孟子评论说:"待人有恩惠,却不懂得抓纲治国。

在十一月,搭好走人的便桥,十二月,修好了走车的桥梁,百姓就不会为渡河而发愁了。一个大政治家,抓好自己的政务,他出巡,鸣锣开道都可以,哪能一个个地帮人渡河呢? 所以,执政者要一个个地去讨人欢心,那时间就会永远不够用了。"

接着,孟子又讲了国君、社稷和人民的关系,他说:"民众最为重要,其次是土地神和谷神,国君最轻。因此,赢得万民之心的人做天子,赢得天子之心的人为诸侯,赢得诸侯之心的人做大夫。如果诸侯危害到社稷,就改立诸侯;用于祭祀的牲口已是肥壮合乎标准,盛在祭器中的黍稷也已洁净,就按时进行祭祀,然而仍有水旱灾害,就改立土地神和谷神。"

从孟子的这段话中可以看出:如果天子得罪人民,由实行王道、受到人民拥戴的诸侯代表人民的意志来替换他。

赏析

君王如果总是把自己看得那么高贵,把臣民看得低贱,那么长此以往他的地位就难以保全了。对于我们自己来说,更应该如此,永远不要把自己放在最重要的位置。即使我们取得了一定的成绩,得到了一些荣耀,可以骄傲地昂着头,也不要目中无人,不要妄自尊大。要记住,那些给你掌声的人,那些给你喝彩的人,才是真正值得尊敬的。如果没有他们就如鲜花没有绿叶,大树没有了树皮,你终究会在孤独中枯萎的。

明察秋毫

释义

原形容人目光敏锐,任何细小的事物都能看得很清楚。后多形容人能洞察事理。明察:看清;秋毫:秋天鸟兽身上新长的细毛。

故事

齐桓公小白、晋文公重耳曾在春秋时先后称霸,统领诸侯,是霸主中的代表。几百年后,战国时的齐宣王也想称霸。齐宣王对孟子说:"您能把有关齐桓公、晋文公的事迹讲给我听听吗?"孟子答道:"对不起,我们孔夫子的门徒向来不讲霸主的事。我们只讲王道,用道德的力量来统一天下。"齐宣王问道:"那要有怎样的道德才能统一天下呢?"孟子说:"我听说,有一次新钟铸成,准备杀牛祭钟,您看见好好一头牛,无罪而被杀,心中感到不忍。凭您这种好心,就可以行王道,施仁政,统一天下。问题不在于您能不能,而在于您干不干罢了!比方有人说:'我的力气能举重三千斤,但举不起一根羽毛;眼力能看清秋天鸟兽毫毛那样细微的东西,却看不见满车的木柴。'您相信这种话吗?"齐宣王说:"当然不相信!"孟子紧接着说:"是呀,不能相信。如今您的好心能用来对待动物,却不能用来爱护老百姓,这也同样难以叫人相信。老百姓之所以不能够安居乐业,是您根本不去关心的缘故。显然,这都是干与不干的问题,而不是能与不能的问题。您问能不能行王道、统一天下,问题也是如此,是不去干,而不是不能干!"

赏析

人们对于那些无关紧要的事情往往能够明察秋毫,锱铢必较,而对于那些我们应该关心的事情却往往视而不见。对于一件事情,我们要分清主次,不要为了细枝末节而忘记了事物的本真。

只有对事物多加分析才能够得到我们想要的东西,这才是最接近真实的结论。没有调查就没有发言权,只有在充分了解以后我们再发表自己的言论,才不会贻笑大方。

明堂之诡

释义

明堂该毁还是不该毁,在孟子看来这只是一个表面问题。明堂代表了实行王政的政治主张,如果要施行仁政,就不该毁明堂。

故事

齐国有一座明堂,所谓明堂,就是古时候人们用来祭礼的殿堂。有人劝齐宣王把它毁掉,齐宣王对此拿不定主意,毁呢? 还是不毁呢? 于是他向孟子求教,请孟子帮他出谋划策。

孟子说:"明堂是什么呢? 是有道德而能统一天下的王者的殿堂。如

果您要实行王政的话,就不要把它给毁了。"

齐宣王说:"实行王政的事,我可以听一听吗? "

孟子正想利用这个机会给齐宣王好好讲一讲王政,听到齐宣王的请求,当然很高兴,就和他说:

"从前周文王治理岐地,对农夫的税率是九分抽一;做官的人可以世代承袭俸禄;在关卡和市场只稽查,不征税;湖里可以任意捕鱼,没有禁令;对犯了罪的人,只惩罚他本人,不株连家属;老了没有妻子的人叫鳏夫,老了没有丈夫的人叫寡妇,没有儿女的人叫孤独者,死了父亲的儿童叫孤儿。这四种人是世界上最穷也是最没有依靠的人。周文王实行仁政,决定是先照顾他们。《诗经》里说得好:'有钱的人生活没困难,可怜那些无依无靠的人呢! '"

听了这一席话,齐宣王说:"这话说得多好啊! "

孟子以为他说的是真心话,就问他:"您认为这话说得好,那为什么不实行呢? "

齐宣王想了想说:"我个人并不吝啬钱财,但是国家太穷,又要备战,实行起王政来怕有困难。"

孟子一听齐宣王的话,就知道齐宣王是在找借口,不想实行王政,就批驳他说:"《诗经》里说:'粮食堆满仓,用来做干粮,还装满行囊。百姓安居国威扬。箭上弦,弓开张,梭镖大斧都上扬,浩浩荡荡向前方。'大王如果能够和老百姓一道艰苦奋斗,把有限的钱用于百姓生计,对您实行王政有什么困难呢? "

齐宣王又想了想说:"我有个毛病,喜爱女人。"说完他想,孟子总不能让老百姓和他一道喜爱女人吧。

孟子说:"从前的时候,太王也喜爱女人,十分娇宠他的妃子。《诗经》里说:'古公亶父清早骑着马,来到岐山下。视察民众的住宅,姜女始终伴随着他。' 在那个时代,既没有找不到丈夫的女人,也没有找不到妻子的

单身汉。大王喜爱女人并不错。但应当让老百姓一道喜爱,这样对您实行王政又有什么困难呢?"

齐宣王没有想到问孟子一个是否毁明堂的问题竟引出这么一大片关于王政的话来,看来明堂毁不毁不是一个大问题,是否实行王政才是一个大问题。那一次谈话就这样结束了。

赏析

我们心中在乎的,可能只是"买椟还珠"中那个漂亮的盒子,而没有留意价值连城的珍珠。对于"明堂"毁不毁,其实只是一个很简单的命题,实际上有很多东西比我们心中纠结的"明堂"更加重要。

我们在乎的分数其实并不重要,真才实学才更重要。但是长期以来,大家都误认为漂亮的分数是真才实学的体现,所以就一味去追求分数,而忘记了我们学习的初衷。漂亮的盒子只是保护珍珠的工具,而并不是最有价值和最值得追求的东西。

谋取私利

释义

设法取得私人方面的利益。

故事

孟子认为,片面强调私利,人人都将站在自己的立场上考虑问题。只有提倡仁义,才能涵盖众人的共同利益,使社会得到安定。

对此,孟子的弟子万章问道:"什么是仁和义呢?"

孟子解释道:"人都有不忍心做的事,把它推及于所忍心做的事上,这就是仁,人都有不愿做的事,把它推及于所愿意做的事上,这就是义。人若能扩充他不想害人的心,那么他的仁就用之不尽了。人若能扩充他不挖洞翻墙的心,那么他的义就用之不尽了。人若能扩充不受人轻贱的行为,则无论到哪里都不会不行义。与之相反,士人若不可以言谈却与之言谈,这是以言辞诱惑他以便自己谋取私利;而可以言谈的却不与之言谈,这是以沉默诱惑他以便自己谋取私利,这些都与挖洞翻墙的行为无异。"

万章听了孟子的解释后体会到:那卑鄙、狡猾、自以为得计的"不义"思想,确实是和人所共同鄙视的小偷行为一样的可耻。

赏析

人都有自私的一面,不可能要求每个人都大公无私。而过分自私,不考虑到他人的感受,甚至是伤害到他人的利益,那是最愚蠢的事情。眼中只有私利,而完全不去为他人着想的话,自己攫取的利益也是有限的,也是不能够长久的。

人活着,首先要为了大家的利益着想。只有实现了大家的利益,为一个集体博得了更大的利益,自己才能更多地得到自己的"私利"。

如果人人都想谋取私利,人们就会为任何一点利益争执不休,互相倾轧,互相排挤,这样只会竹篮打水一场空。

匹夫匹妇

释义

平民男女,泛指平民。

故事

战国时,一天万章问他的老师孟子说:"有人讲商汤的贤臣伊尹先是做别人的陪嫁奴隶,后当商汤的厨子,取得了汤的信任,才做到宰相的。不知是否真的有这回事?"

孟子回答说:"不完全是这样。伊尹曾在有莘(shēn)国的郊外种田,商朝的开国之君曾派人去聘请他,他却悠然自得地说:'我干吗要接受别人的聘请呢?这样不是很好吗?我终日无拘无束,在田野之中获得了许多乐趣!'汤再三派人去请他。最后,伊尹全然改变态度,说:'我在田野之中自得其乐,何不去让汤成为尧舜一样的君主,使天下的老百姓都得到乐趣呢?既然上天生育了我,赋予我智慧,我就有责任启发那些缺少智慧的人。唉,像这样的事情,我不应该放弃啊!'"

万章说:"伊尹真是一位贤臣!"

孟子回答道:"不错,在他看来,天下如果有一夫一妇不蒙受尧舜的恩泽,那就如同自己把他们推进深沟一样。后来,他到了汤的身边,说服了汤讨伐残暴的夏,拯救了许许多多的人民。伊尹是真正的圣人啊!圣人的行为不完全相同,有的远离君主,洁身自好;有的在君主身边,帮助他们做好事。所以,我认为伊尹不是以当君主厨子的身份去阿谀奉承,而是宣传尧舜之道。"

赏析

"采菊东篱下，悠然见南山"那是归隐田园的陶渊明的情怀，陶渊明的这种闲适情怀也许我们也会有一丝的向往，但是他的这种对生活和人生淡定的态度是在经历了世事沧桑以后悟到的。而对于我们来说，才刚刚认识世界和社会，所以我们要以积极的态度去面对人生。

经历了大浪淘沙般的洗涤，才能够找到自己真正的价值。我们是一块未经雕琢的璞玉，不断在生活中雕琢自己，才能够使得自己变成一件完美的玉器。

此刻，迎着太阳奔跑，才是我们的人生。

齐傅楚咻

释义

齐人辅导,楚人干扰。比喻势孤力单,观点或意见支持的人很少。傅：辅助,教导;咻(xiū):吵闹。

故事

孟子是战国时代有名的思想家。一次,邻近的宋国有一个叫戴不胜的人来向孟子求教,说：

"我们的国君整天和一些奸臣混在一起,请问有什么办法让他变好吗？"

孟子听了,问："你听说过齐傅楚咻的故事吗？"

"没有。"戴不胜回答说。

于是,孟子就给他讲了下面这个故事：

从前,楚国有一个大夫,他看到自己的宝贝儿子渐渐长大,很想让儿子学会齐国语言,使儿子成为一个出类拔萃的人。于是,他决定为儿子找一个教齐国语言的老师。

他的朋友知道了这件事,建议说：

"你要让儿子学齐国话,依我之见,最好是从齐国请一位老师来教。"

楚大夫觉得朋友的话很有道理,就用很高的聘金从齐国给儿子请来一位老师。

这个齐国老师发音准确,教得也十分卖力,但是收效却很微小。楚大夫的儿子花了不少时间仍然没有学会多少,出出进进,仍是一口楚国话。

楚大夫以为这是儿子学习不用功,十分生气,每天拿板子打儿子的手

心,儿子的手心都被打肿了,但情况仍然没有什么变化,儿子的齐国话还是学不好,急得他不知怎么办才好。

他的另一个朋友知道这件事后,对他说:

"我认为你儿子学不好齐国话,不是他不用功。你想,这里只有一个人说齐国话,其他人都说楚国话,他怎么学得好呢? 你即使再打他也是没有用的。你要他学好齐国话,不如把他送到齐国去。如果他周围的人讲的都是齐国话,他肯定能学好的。"

楚大夫听了,感到这位朋友讲得很有道理,便把儿子送到齐国,让他在齐国学习齐国话。这样过了几年,他的儿子从齐国回来,已经能说一口流利的齐国话;而他的楚国话倒反而说不好了。

孟子讲完这个故事,微笑着说:

"戴先生,不知这个故事对你有没有什么启发? "

戴不胜高兴地说:"先生讲的故事使我茅塞顿开,我回到宋国后,一定要照你的指点去做……"

后来,"齐傅楚咻"用来比喻学习要有一定的环境才能学好,也用来比喻近朱者赤,近墨者黑。用"一傅齐",比喻势单力薄;用"众楚咻"比喻世俗舆论;用"齐咻"比喻异地方言。

赏析

孟母三迁的故事说明了环境的重要。我们在世界上生存,没有办法完全避免环境的影响。我们不能够改变环境,但是要学会适应环境。

要学好下棋就要经常和高手对弈,要跑得快就要和善跑者一起奔跑,要想出类拔萃就要受到那些成功者的熏陶。他们会让我们学到更多东西,更会让我们养成优良的品质。所以选择环境就像选择朋友一样,给自己造成的影响可能一辈子都如影相随,故要慎之又慎。

齐王伐燕

释义

齐宣王出兵征讨燕国。

故事

齐宣王五年的时候,燕王哙把王位让给国相子之,国人不服,发生了内乱。齐宣王乘机出兵伐燕,很快取得了胜利。齐宣王问孟子说:"现在有人劝我吞并了燕国,也有人劝我不要这样做。我以一个大国攻伐另一个大国,五十天就把它打败了,怕不是单靠人的力量,而是天意吧。我攻打他们的时候,燕军不战,城门不关,燕王哙死,子之逃亡,我们真是速胜。这不是天意是什么? 我要是不吞并燕国,就是违背了天意,恐怕要遭到天的报复。所以我想吞并它,先生您看怎么样? "

孟子说:"吞并它如果燕国人民高兴,就可以吞并它。古时候就有人这样做过,周武王就是。武王带兵伐纣的时候,纣兵虽多,但是没有战斗之心,却盼望着武王早到,他们不但不和武王作战,反而倒戈,为武王开路。武王的兵到达商都的时候,商都的人民早等在城郊迎接他。但是如果大王吞并燕国,而燕国的人民却不高兴,那就不要吞并了。古人也有这样做的,那就是周文王。文王当年,天下三分已得了二分,但是他觉得取商纣王的时机不到,就还是服侍商殷。以一个大国攻打另一个大国,燕国的百姓不但不反对,反而是用筐子盛着饭,用壶盛着酒来迎接您的军队,这里面难道有什么别的意思吗? 其实这是因为燕国内部发生了叛乱,他们迎接您不过是想逃避那种水深火热的苦难生活。如果燕国被吞并之后,

他们的灾难更加深重,燕国人民也只好到别处逃难了,也许还会迎接别人来攻打您。"

齐宣王听了孟子一席话,认真想了想,觉得他可以吞并燕国,于是就吞并了它。

赏析

"得道者多助,失道者寡助",一个君王若是想长治久安就必须明白这个道理。不然,即使是精兵良将也会因为人心倒戈而一泻千里。

成年人一味地去追求金钱和名利,而忘记了亲情、友情,最后得到了名利,却失去了爱,失去了自己存在的理由。而每一个人都是如此,如果得到了很多人的肯定就会觉得生命有价值,如果一味地被人否定就会觉得失去了生命的意义。明白了这一点,就该知道我们最需要的是"人心所向"而不是"人心背离"。

齐王问卿

释义

齐宣王问有关公卿的事。

故事

　　孟子为了宣传他的王道,在齐国住了一段时间,与齐宣王打了多次交道。

　　有一天,孟子去见齐宣王,齐宣王热情款待了孟子。齐宣王趁机想问一下孟子对卿的看法。于是,就开门见山地问孟子:"您对卿怎么看呢?"

　　孟子问:"您问的是什么样的卿呢?"

　　齐宣王说:"卿都是在朝廷里做官,他们有什么不同呢?"

　　孟子坦然地说:"有不同。他们虽然都在朝廷里做官,但是他们中间,有与国君有亲族关系而得为卿,有与国君不同姓,没有亲族关系,因具备德才而得为卿,所以说他们不一样。"

　　齐宣王说:"那我先问与国君有亲族关系而得的卿吧。"

　　孟子说:"这一种卿应该是这样的:国君有重大错误,他就要竭力劝阻,反复劝阻还不听从的话,那就把国君废掉,改立别人。"

　　齐宣王一听就吓得变了脸色,好像孟子说应该废掉的国君就是他自己。孟子看齐宣王变了脸色,接着说:"大王不要奇怪,您这样开诚布公地问我,我就不敢不实事求是地回答您。"

　　齐宣王想了想,孟子说的话也没有什么不对,脸色慢慢正常了,情绪也缓和下来。过了一会儿,他问孟子那种与国君不同姓、没有亲族关系的卿是怎么回事。孟子说:

　　"国君如果有错误,他就要对国君加以劝阻。反复劝阻,国君还是不听从,那么他就离开这个职位,或到别的国家去。"

　　事实上,孟子就是与国君不同姓,没有亲族关系的卿,他在齐宣王那里反复宣传他的仁政和王道,但那时候齐宣王正热衷于他自己的霸业,对孟子的那一套东西根本不感兴趣。最后,孟子见他的观点不被齐宣王采纳,就自己离开了齐国,到别的国家去了。

赏析

如果能够改变的事情,我们就努力去改变;如果不能改变的,我们就离开或者学会接受。很多时候对于一件事,对于一个人不要过于固执己见。世间的事,并不是都能够按照自己的想法进行的。就像孟子这样的贤人也会遭遇到冷落,我们又怎么可能一辈子都被人热情相拥呢?

如果自己的想法是对的,抱负不能够实现,又不能改变环境,那么大可以更换一个环境。或许那样,我们就能够如鱼得水,能够实现我们的梦想。

人皆可以为尧舜

释义

人人都可以做尧舜。

故事

曹国贵族的后裔曹交,有一次他碰见孟子,就问道:"人人都可以成为尧、舜那样的圣人,有这话吗?"

孟子回答道:"有的。"

曹交问道:"我听说文王身高一丈,汤王身高九尺,现在我也有九尺四寸多高的身体了,却干不出什么大事,只能吃饭而已。照这样我怎样才能成为尧、舜那样的圣人呢?"曹交表现出一副发愁苦闷的样子。

孟子听后却很轻松地说:"这有什么困难呢?也照尧、舜那样做就是了。假如有一个人,连只小鸡也提不起来,真可以说是一个毫无力气的人了;如果可以举起三千斤的重物,那可以说是一个很有力气的人了。但是能举起秦国的大力士乌获能举起的重量,这也只有乌获能够做到的了。人怎么以不能胜任而忧愁呢?只是没有去做罢了。慢慢地走在长者后面的叫做悌,快步跑在长者前面的叫做不悌。慢点走,跟在长者后面,这是人所不能的吗?只是不能那样做罢了。尧、舜之道,讲的不过是孝和悌罢了。你穿尧的衣服,说尧的话,像尧那样行事,就像尧一样了。你穿舜的衣服,说舜的话,像舜那样的行事,就像舜一样了。"

曹交说:"我想面见邹君,向他借个住的地方,情愿留在您的门下听取教诲。"

孟子听后说道："正确的学说和主张就像大路一样，难道不易知晓吗？只怕人不去寻求罢了。你回去探求它吧，老师多得很呢！"

赏析

我们总是羡慕那些有才华的人，羡慕那些有德行的人，羡慕那些被成功光环笼罩的人。其实，人生不要仅仅是羡慕，应该以他们为目标而奋斗。我们并不是做不到他们那样优秀，而是因为我们内心的崇敬和畏惧，不敢去做而已。

那些成功者都有自己闪光的一面，我们可以学习他们，来完善自己。既然我们自己很难摸索出一条成功的路，那何必不沿着他们的足迹向前进呢？我们也可以成为那样的人，因为我们也有勇气那样去做。

人性本善

释义

人的本性原本是善良的。

故事

告子和孟子是同时代的人，告子很善辩，有一天，两人在一起讨论。告子说："人性，就像是杞柳一样。道义，就像是杯盘一样。把人的本性纳

入道义的规范,就像把杞柳做成杯盘一样。"

告子认为人性是恶的。这一点与孟子的观点是相反的。杞柳也叫柜柳,很柔软,可以供编柳条筐、箱等用。而要用杞柳做杯盘以用来盛饭羹、注酒则显然是不行的。

孟子说:"我们当然不可能顺着杞柳的本性,让它长成杯盘而是把杞柳砍掉才能使它成为杯盘。而如果能将杞柳砍掉而把它做成杯盘,那么也可以把人性纳入道义的规范。"

告子说:"天生的本能就是性。"

孟子说:"天生的本能就是性,就像白的东西本来就是白的一样吗?"

告子说:"是的。"

孟子说:"白羽之白,就像白雪之白,白雪之白就像是白玉之白吗?"

告子说:"是的。"

孟子说:"那么,狗的天性就像是牛的天性,牛的天性就是人的天性吗?"

告子说:"吃饭和男女之欲,这就是人的本性。仁是内心里的东西,不是外在的东西。义是在外面的东西,不是内在的东西。"

孟子的弟子公都子说:"告子说:'人的本性无所谓善也无所谓不善。'或者说:'人的本性可以善,也可以不善;所以说文王、武王兴的时候,人民就好善;幽王、厉王兴的时候,则人民就暴乱。'或者说:'有的人性善,有的人性不善,因此尧为国君的时候而有象那样的坏人;而瞽瞍那样的父亲却有舜那样的儿子;以纣王那样的坏侄儿而言却有微子启、王子比干这样的仁人为他效命。'现在说'性善',请问这些人之间有共性可言吗?"

孟子说:"至于他们的本性,并非不可以为善,这便是我说的人性善良。至于有些人不好,也不能归罪于他的天性。"

孟子的人性本善的学说,对后世的影响很大。人们所熟悉的《三字

经》开篇就说:"人之初,性本善,性相近,习相远……"就是从孟子的人性本善的学说而来的。

赏析

人的天性无所谓善良,也无所谓邪恶,只是后天所受的教育不同,才有不同的表现。这就是"齐傅楚咻"的道理所在。有的人小时候善良,未必一生都善良;有的人小时候淘气,长大可能会出人头地。主要看他所接受的教育和所处的环境。

仁者无敌

释义

有仁爱之心的人是没有敌人的。

故事

梁惠王即位以后,不仅东方败于齐国,大儿子战死沙场,并且西面又被秦国夺取七百里土地,南面受辱于楚国……对此种种,梁惠王并非无动于衷。因此,在与孟子的几次详谈之后,梁惠王终于不再对孟子心存芥蒂,而愿意开诚布公,将心中的憾事告诉孟子,毫不隐瞒地向他表述自己想为

战死在战场上的将士报仇雪恨的念头。

既然梁惠王已坦诚,孟子自然也是倾囊相授,再度提出自己一向不遗余力鼓吹的"仁政"主张,并且更为细致地将其分为"内政"和"文化教育"两个层次来谈。

在内政方面,孟子提出三项实际可行的政策:一是减轻刑罚,二是降低赋税,三是让老百姓能无后顾之忧地致力于农事,保证人民得到最基本的温饱。在文化教育方面,则强调儒一贯主张的"孝"、"悌"、"忠"、"信"。如此一来,不仅让社会稳定,并且当国家遇到危难之时所有的人才会义无反顾地同心一致,保卫国家。

自然,孟子在提出这些政策之时,也不忘举出他国"倒行逆施"的例子来作为借鉴,具体地分析敌国的致命弱点,明白点出敌国国君因施暴政而导致百姓的民心涣散,人民向往"仁君"的心理,以此作为梁惠王的"定心丸",从而引出"仁者无敌,王请勿疑"的名句。

孟子如此有理有据,掷地有声的论点,就是今天听起来,也是相当地具有说服力,引人深思的。

赏析

古代,如果兴的是"仁义之师",就会有百姓的拥戴,在战场上战无不胜。在现在,如果我们面对一件事情的时候,有足够正确的理由来说服大家,这样的话我们做起事情来也会底气十足。

我们做的事情是顺心意合公理的话,就能够很顺利地解决,也不会有人阻挠;如果是做"民心所背"的事情,恐怕连我们自己内心的那道坎也是过不去的。仁者无敌,我们要选择做那个"仁者",就能一往无前,战无不胜攻无不克了。

善战服刑

释义

好战的人应该受最重的刑罚。

故事

战国时候,各国侯王们都崇尚霸道,急功近利,热衷于攻伐兼并,谁还有兴趣来采纳孟子这一套"仁政"学说呢?他们都认为孟子的主张迂腐而不切实用。孟子终于看到他的政治理想在当时不可能实现,四处碰壁,因此,他气愤地说:"从前,孔子的学生冉求任季氏的总管,未能改善季氏的德政,田租却增加了一倍。孔子说:'冉求不再是我的学生了,弟子们完全可以大张旗鼓去声讨他。'由此可见,国君不施仁政而帮他致富,都是被孔子所唾弃的,更何况去帮他们发动残暴的战争呢!争地而战,杀死的人遍于原野;争城而战,杀死的人充满城邑,这就是所谓的放任土地来吃人,这样的罪行处死刑都不足以抵偿。所以好战的人应受最重的刑罚,怂恿诸侯的人次一等受罚,开垦荒地扰乱田制的人又次一等。"

孟子就是这样,毫不客气,不讲情面,口诛笔伐那些好战分子。

赏析

如果以争强好胜、好勇斗狠来形容一个人的勇敢的话,那么斗鸡和斗牛无疑是最勇敢的。少年的张狂总是让很多人以为以武力和权势就可以征服很多东西。其实,要靠这些去显示自己的勇敢,基本上已经是在心理

上示弱了。不要以为最勇敢的人，就是最敢于和人争斗的人，那样只是匹夫之勇，只会招人不屑。

真正聪明的人是用自己的德行来征服别人的人，是能够让别人真心敬佩和信服的人。

舍生取义

释义

为了正义事业不怕牺牲。

故事

孟子在讲生死问题与荣辱问题发生矛盾时，主张宁愿光荣而死，不愿屈辱而生。他打比方说："鱼，是我所想得到的；熊掌，也是我所想得到的。两者不可能同时都得到，我便舍弃鱼而要熊掌了。生命，是我所企求的；义，也是我所企求的。在两者不可都得到的情况下，我会弃生命而取义。"他又说："生命本是我所企求的，当所企求的东西比生命更重要的时候，因而不去苟且偷生；死本是我所厌恶的，当所厌恶的东西比抛弃生命更让人难以接受时，因此有的祸患并不去躲避。假如使人们求得生存的欲望大于一切，那么所有可以求生的手段，为什么不去使用呢？假如人们所厌恶的事物没有超过死亡的，那么所有可以避免祸患的事情，有什么不去做的

呢？但是，有的人由此而行，便能免祸患，却不去干，所以令人企求的东西有大于生命的，令人厌恶的东西有超过死亡的。并不是贤人才有这种心，人人都有它，不过贤人能持而不失罢了。一筐食物，一碗汤菜，得到它就能生存，没有它就会饿死。如果鄙视地呼唱着给人，就是过路的饥人也不会接受；践踏过再给予人，就是乞丐也不屑一顾。但对于万锺的俸禄，有的人竟不问是否合于礼仪，就欣然接受了。万锺的俸禄能给我增加什么呢？为了用来建造华美的宫室或妻妾享乐的供奉，亦或让接济过的穷困朋友感激自己的恩惠吗？过去舍弃生命而不接受的，现在为了宫室华美而这样做；过去舍弃生命而不接受的，现在为了穷困朋友对你感激而这样做，这些远不如生命珍重的事情，不可以就此住手吗？这就是叫失却了他的本性。"

就这样，孟子从正面、反面讲述了生死、荣辱问题，孟子确实是一个当之无愧的贤人。

赏析

没有十全十美的事情，所以鱼和熊掌很难能够兼得。我们在面临取舍的时候，往往会不知道该如何选择。我们会觉得任何事物都不能放弃，任何事情都想得到。所以就像一头在两堆草垛之间来回徘徊的驴子，难以作出抉择。但是，如果一直徘徊下去，只会在抉择之前"饿死"。

知道了什么东西对我们的人生最重要，什么东西对我们的人格最重要，我们就会知道应该怎样抉择了。

舍我其谁

除了我还有哪一个？形容人敢于担当，遇到该做的事，决不退让。舍：除了。其：还有。

故事

战国时，孟子门下聚集了许多学生，他们经常向孟子提出一些治理国家的问题。孟子呢，就认真地解答，将儒家的学说加以发挥。一天，当孟子开堂讲学后，一个学生问道："老师昨天讲到，人最重要的是有'不忍人之心'，那是什么意思呢？"

孟子轻轻地咳了一声，然后从容地说："所谓不忍人之心，就是不忍无故伤害别人的想法。从前的帝王，如周文王、周公等，有了这种思想，所以能建立一个统一的国家。如果现在的统治者都不愿伤害别人，而是爱护自己的百姓，那么治理天下不就像手掌上运转一个小泥丸一样的容易了吗？为什么说人都有不忍人之心呢？举个例子来说，人们看见一个可爱的小孩子将要掉进一口深井里，心里都会产生一种恐惧同情的念头。一个人具备了同情心，就知道羞耻，就产生了智慧，这是一个人最基本的东西呀。如果将它发扬光大，就像刚刚点燃的烈火，缓缓流出的泉水一样，还能够逐渐扩大，那不就可以安定天下了吗？"学生听了都点头称赞老师讲得很好。

后来，当孟子离开时，有一个名叫充虞的学生在路边问他："老师，您好像有点不愉快！您不是说过君子不埋怨上天，不归罪于别人吗？"孟子听完一下笑了，说："过去是一个时代，现在又是一个时代。历史每五百

年就要产生一个英明的君主和至贤,从周武王开国到现在,已经七百多年,如果上天要产生一个至贤,除了我以外还有谁呢?"

充虞听了老师的解释后,感到孟子济世利人,充满了力挽狂澜的抱负与自信,有时代的责任感,令人肃然起敬。

赏析

正义的事情,谁都愿意有人能够挺身而出。但是很多时候,我们自己却胆怯,怎么能够要求别人无所畏惧?很多事情都是如此,我们都把希望寄托在别人身上,而根本不考虑自己应该做些什么,只知道指点江山地认为别人应该做些什么。所以,当自己一事无成或者应该做的事情变得荒芜了,我们又把责任顺水推舟地推卸到别人身上。

当山雨欲来的时候,我们为何不挺起胸膛说一声"舍我其谁"就冲入风雨中呢?

声闻过情

释义

名声超过实际。

故事

孔子是个胸怀大志的人,贫困的生活使他经受了各种实际工作的锻炼,使他了解人民的痛苦,也培养了他的才干,磨炼了他的意志。他曾经为贵族家里看管过牛羊,管理过仓库。他谦虚好学,不耻下问,利用一切机会虚心求教,掌握知识,他非常珍惜时间,有一次,孔子在河边说:"消逝的时光就像这河水一样啊!日日夜夜不停地流去。"

孟子的弟子徐子,十分敬佩孔子,但他觉得孔子赞美水,水有什么可取之处呢?于是就这个问题求教孟子。孟子说:"水从源头流出滚滚向前,昼夜不停,注满低洼又继续向前,一直流入海洋。有根源的东西是这样,孔子所取的就是这一点。假如没有根源,像七八月间的雨水多,一时沟渠都满了,而它们的干涸也是立可等待的。因此,声誉超过了实际,君子觉得可耻。

徐子听了老师的解释,明白了流水的特点是有本源的,向着远大目标不断地适应自然形势而前进,这好比人们的学习,要孜孜不倦地循序渐进,不断向前发展,才能获得远大的成就。

赏析

如果自己的心态总是虚浮的,而并没有什么真才实学,即使被水托举上来,那也只是浮萍,根本就找不到自己的根基,即使是获得一些浮名也会经不起时间的考验。

但是有些人能够审时度势地审视自己,真正地把自己放得很低,那他们即使是在惊涛骇浪中也可以风雨不动。

那些能够成大事的人,不会是天边多姿而没有实质的云彩,被风刮一下就无影无踪了。他们是日月,一直挂在天边,熠熠生辉。

始作俑者

释义

比喻恶劣风气的创始者。

故事

战国时期,梁惠王对孟子说:"我这个平庸的人非常希望得到您的指教。"孟子回答说:"用木棒和锋利的刀杀人,这两者之间有什么不同吗?"梁惠王说:"没有什么不同。"孟子问道:"用刀杀人和施行暴政而置民于死地,这两者有什么不同呢?"梁惠王回答道:"没有什么不同。"

于是,孟子用了比喻说:"如今,您的厨房里搁满鲜肥的肉,马圈里养着许多肥壮的马,但是天下的百姓却面带饥色,很多人因饥饿而横尸野外,这实质上就等于带领兽类去吃人啊!兽类自相残杀,尚且使人觉得可恨,而主持政事身为老百姓父母官的,却不能禁止禽兽去吃人,那又怎么能做老百姓的父母官呢?孔子曾经说过:'第一个制作用来陪葬的木偶人或土偶人的人,真该绝子灭孙断绝后代吧!'这是因为'俑'很像人形却用来殉葬,以至于后来发展成为殉葬活人的坏风尚。用人形的'俑'殉葬都使孔子如此愤慨,又怎么可以使那些老百姓活活地饿死呢?"

赏析

人性本善,这个世界充满了美好和谐,每个人心中都应该有一份爱人爱己的心。俗话说,防人之心不可无,害人之心不可有。如果你的心中荡

起一丝恶劣的风气,便会由小及大地影响着自己和身边的人。坏的东西总是传播得很快,并一个接一个地不停地传给其他人。

所以,不要做那个恶劣风气的创始者,做个心存善念的人,这个世界就会充满美好。

事半功倍

释义

形容做事的方法,费力小,收效大。功:功效。

故事

战国时代,各国间战争不息,人民不堪忍受暴虐政治的统治,迫切要求解放。因此,孟子认为,这个时候,像齐国这样的大国,如能推行王道,实施仁政,统一天下,比起周文王的时代来要容易得多。

孟子的学生公孙丑不得解,他说:"如果是这样,我就不明白了。您说称王天下如此容易,那么周文王不值得效法了吗?"

孟子说:"齐国人有一句俗话说:'即使有妙计,也要抓时机,即使有锄犁,也要等节气。'现在的时机是很有利的,夏、商、周三朝最兴盛的时候,国土都没有超过方圆千里的,而齐国就有这么宽广的疆域,鸡鸣狗叫的声音相互听得见,从国都到边境都是如此,齐国就有这么多的民众;土地不

用再开辟,民众不用再增添,施行仁政称王天下,没有谁能抵御。而且贤王久不出现,没有间隔像现在这么长的;民众为暴政所摧残,没有程度像现在这么厉害。饿肚子的人不挑剔食物,口渴的人不挑剔饮料。孔子说:'德政的推广,比驿站传达命令还要迅速。'当今之时,拥有万辆兵车的国家推行起仁政来,老百姓必然爱戴它,就像倒挂的人被解救了一样。所以只要做古人一半的事情,便可获得双倍的功效,只有现在这个时候才能如此。"

公孙丑听了老师的这番解释,心悦诚服地笑了。

赏析

做事情往往都有好的方法可以寻找并采纳。就如同攀爬巅峰,我们可以选择不同的路行走。如果我们走入歧途,我们就要浪费很多精力和时间去走多余的路;而如果我们选择了捷径,选择了更好走的路,那我们就可以事半功倍,能够更快地爬到人生的顶峰。

遇到事情,我们不要一味地埋头蛮干,可以试着尝试更多的方法去解决问题,这样就能找到最好的办法。

率兽食人

释义

带着野兽来吃人。比喻统治者虐害人民。率：带领。

故事

春秋战国时期，当时的齐国国君，因为本国的老百姓对他怨声载道，于是，就请孟子来，向孟子求教如何才能不让老百姓怨恨自己。孟子一路上眼见齐国的百姓因为齐王的苛政而弄得民不聊生，民怨沸腾。所以，当孟子见到齐王的时候，孟子先请齐王带他到齐王的王宫里转了转，然后，孟子对当时的齐王说，在大王的王宫里，宫殿建筑得金碧辉煌，厨房里山珍海味堆积如山，马棚里有肥壮的牛马，朝廷上人人都穿着绫罗绸缎，冬天还有暖和的裘皮挡风遮寒，可是大王知道吗？齐国的老百姓却由于大王实行的苛刻税政而生活在水深火热之中，人人面黄肌瘦，吃不饱、穿不暖，每天都在死亡的边缘挣扎。城外的野地里到处都可以看到老百姓饿死的尸体，野狗经常在那里出没，四下里抢食饿死的百姓的尸体。这样的情形，在老百姓的心目中，其实就像是大王您亲自率领着野兽来吃人呀！您想，本来只有野兽才会自相残杀，野兽的这种行为让普通人看见了都会感到十分厌恶，而如今，身为百姓的君王，却率领着野兽来吃自己的百姓。您想想看，这样的国君和这样的官府及官员怎么能让百姓不反抗呢？

赏析

　　人不能独立生存在这个世界上,生活之所以美好是因为有形形色色的风景、多彩多姿的生活,而这些都抵不过人们互相之间的爱。人们如果都不懂得爱别人,只会爱自己,甚至为了一己之利去"残害"他人,那么他的人生必定是灰暗的——因为已经失去了爱的色彩。

　　我们要去善待他人,学会去爱别人,懂得感恩于一点一滴,这样我们的人生就会充满阳光,彼此温暖着。

同流合污

释义

指跟坏人一起干坏事。流：流俗。

故事

孔子生前对老好人嗤之以鼻，骂他们是"德之贼也"。后世有个读书人名叫万章，他弄不懂老好人到底有什么不好，便请教他的老师孟子说："先生，为什么孔子那么讨厌老好人，骂他们是败坏圣德的小人呢？"

孟子告诉万章："老好人一般都是那些怀有私心，不讲原则是非的伪君子。这种人处世圆滑，关键时候从不表态，一切以对自己是否有利为出发点。他们甜言蜜语，八面玲珑，四面讨好，因而容易迷惑别人，往往还落得个好名声。你如果要批评他吧，他本来就没干事情，所以根本就谈不上犯错误；你如果责骂他吧，他比谁都老实，再骂也不吭气。老好人总是紧跟社会上的风气，风气向东，他就向东；风气向西，他向西。世道再肮脏，他照样左右逢源，如鱼得水，尽管同流合污，表面上却还装出一副忠诚厚道、廉洁正直的假面孔，骗取大多数人的信任。要整治这种人，办法真还不多！他们自以为得意，其实与尧舜的圣德相差十万八千里，哪里值得人们尊敬呢？"

万章说："我记得孔子说过，他厌恶那种表里不一的东西。他厌恶狗尾草，因为它藐视禾苗；他厌恶邪恶的才智，因为它搞乱仁义；他批评夸夸其谈，因为它破坏了信用；他不喜欢郑国音乐，因为它干扰雅乐；他讨厌紫色，因为它模糊了红色……"

孟子高兴地接下去说:"孔子厌恶老好人,就是因为这种人把是非标准搞歪了,助长了邪恶势力。作为一个君子,要尽量将一切事物拉回正道上来,才能禁绝伪善和丑恶!"

万章兴奋地站起身,向孟子鞠了一躬:"经先生这么一解释,我懂了,孔子反对老好人,是在维护尧舜的圣道啊!"

赏析

我们知道,老好人往往是最不容易得罪人。因为他们八面玲珑,方方面面都顾及到,所以很难冒犯到他人。其实他们的内心和外在表现有很大反差,所以其实人们往往是不信任他们的。

老好人只是喜欢卖乖而已,不是真正的君子。所以,虽然他们没有什么敌人,但是也很难交到知心朋友。如果走了一生,都没有什么敌人固然可喜,但是一生都没有知己那是多大的悲哀啊!

为富不仁

释义

剥削者唯利是图,心狠手毒,不顾他人死活。为富:想发财致富;不仁:没有好心肠。

故事

滕文公当上国君之后,聘请孟子来担任他的国策顾问。有一天,他向孟子请教如何治国。孟子告诉滕文公,人民的农事是最不可以拖延的,因农事不仅关系到人民的温饱,也与国家的财政税收息息相关。因此要让人民能够安定生活,就要让人民按时耕作,这样国家也才会有收入,而征税时也要依据合理的制度。孟子并且告诫滕文公,要做一个敛聚人民财富的君主,就不可能施行仁义道德,要做一个布施仁义的君主,就不可能累聚财富。当时,季氏的家臣也曾说:"要想富有,就不会讲求仁义道德;想要施行仁义,就无法累聚财物。"孟子在这种"上下交相利"的时代,鼓励滕文公做一个"为仁不富"的君主,实在是用心良苦呀!

赏析

金钱乃身外之物,太贪图钱财就会失去人生本来的意义。每个人和每件事都有其自身的意义和所求,而金钱仅仅是体现价值的一方面,如果只是刻意地贪图钱财来满足自身是最无意义的事,因为除却金钱,人生还有更多的意义,比如成功,比如赞美,比如快乐。所以,没有必要为了金钱

而失去另外那些对于人生更重要的东西，更不能为了金钱而丧失人性最初的仁义道德。

为渊驱鱼

释义

原比喻残暴的统治迫使自己一方的百姓投向敌方。现多比喻不会团结人，把一些本来可以团结过来的人赶到敌对方面去。

故事

有一次，孟子的学生请教他："老师，夏桀王被商汤王消灭了，商纣王被周武王消灭了，这两个人为什么丢掉了江山呀？"

孟子说："这个问题提得好啊！夏桀和商纣都是历史上的暴君，他们失去天下，是因为他们失去了百姓，一个君王要想统治好天下，就要取得百姓的拥护，要想取得百姓的拥护，就要努力做到：百姓喜欢的事情你就做，百姓厌恶的事情千万别强加在他们头上，这样老百姓的心就向着你了。"

学生说："老师的话确实很有道理，能不能举个具体的例子呢？"

孟子说："可以呀。你们知道有一种生活在水里的野兽叫水獭吗？它是吃鱼的。水獭一出现在哪里，那里的鱼儿就赶快往深水里逃命；还有一

种飞禽叫鹯（zhān），很凶猛，它一飞来，其他的鸟群都吓得藏在密林里，不敢出来。所以说，从深水中把鱼赶来的是水獭，从丛林中把鸟雀赶来的是鹯鸟。"

学生恍然大悟，说："我明白了，那么替商汤王、周武王把老百姓赶向他们的阵营的，就是夏桀和商纣自己了！"

孟子点点头："对呀，正是这样。夏桀和商纣太残暴了，老百姓恨透了他们，才跑到商汤王和周武王那边，支持他们铲除暴君，这就如同'为渊驱鱼，为丛驱雀'啊！这个历史教训，不能不吸取。如今的君主如果施行仁政，百姓就会像水往低处流那样，向君主靠拢，君主的江山就会坐得稳稳的。如果他不愿意对百姓施行仁政，那他一辈子都像坐在火山口上，终日提心吊胆。"

那个学生听了孟子的话，觉得很有道理，会心地笑了起来。

赏析

如果我们感慨自己没有朋友，感慨自己没有拥护者，这往往不是拥护者的错，也不是别人教唆的结果，而是我们本身的原因。

蜜蜂喜欢吸允香甜的蜜汁，小兔子喜欢碧绿的青草，人也是喜欢热情洋溢的脸和真诚的笑容。能够将他人驱逐开的，只有我们冷漠的内心。每一个人都希望自己有很多良师益友，但是首先我们要问自己，是不是已经把内心打扫得纯洁无瑕？

文过饰非

释义

用漂亮的言辞掩饰自己的过失和错误。

故事

有一次,孟子与齐国大夫陈贾讨论齐国攻打燕国对不对的问题时,说到了人不怕犯错误,只怕掩饰错误而又不能改正。

当时,燕人背叛了齐国。齐王说:"我有愧于孟子。"

陈贾说:"大王不必忧虑。大王认为自己与周公谁更仁爱和智慧?"

齐王说:"呀? 这是什么话?"

陈贾说:"周公派管叔监管殷国,管叔却带领殷人叛乱。倘若周公预先知道却仍指派他,这是不仁;若不能预知而派遣他,这是不智。仁和智,周公都不能完全做到,何况大王呢? 请让陈贾去见孟子并作些解释。"

见了孟子,陈贾问:"周公是怎样的人?"

孟子说:"是古代的圣人。"

陈贾说:"他派管叔监管殷人,管叔却带领殷人叛乱,有这回事吗?"

孟子说:"不错。"

陈贾说:"周公是预知他将会叛乱而任命他的吗?"

孟子说:"周公不知道。"

陈贾接着说:"那么,圣人也会有过错吗?"

孟子说:"周公是弟弟,管叔是兄长,周公的过错不也是合情合理的吗? 况且古代的君子有过错就会改正,而现在的君子有过错却放任它。

古代的君子,他们的过失就像日食和月食,民众都能看到;当他们改正时,民众都抬头仰望。现在的君子岂止是放任过错,还要为自己的过错找借口,来辩护呢。"

陈贾听了,觉得孟子说的话多对呀,现在的君子,甚至是国君齐王,也为自己的错误辩护,难怪他有愧于孟子呀!

赏析

金无足赤,人无完人。世界上没有十全十美的事物,也没有完美无瑕的人。我们不能要求他人没有一点瑕疵,也不要强求自己每一步都踏在完美的节点上。

当我们犯下错误之后,不要急于去为自己开脱,去掩盖错误。而应该诚实地面对和正视错误。

犯错并不可怕,只知道掩饰和辩解是永远不能成长的。我们还拥有青春,青春允许我们犯错,也给时间让我们改过。

所以,我们只需要看着它,记住它,而不要因为害怕惩罚去掩饰。

当我们走过青春,回头再看:那些错,是我们青春的养料;那些错,已经绽开了美丽的花。

无规矩不成方圆

释义

形容言语行动没有规矩，不成样子。方圆：借指用规矩所成之图形。

故事

春秋时期，有些国君虽然有仁爱之心和仁爱之誉，但是民众却未能蒙受其恩泽，不能为后世效法，是因为没有实行先王之道。所以孟子就说："有离娄那样的视力，有公输子那样的巧艺，不凭借圆规和曲尺，不能画出方形、圆形。同样道理，有师旷那样的听音能力，不凭借律管，不能校正五音；有尧舜的大道，而不施行仁政，就不能治理天下。"

孟子说到这里，自然联想到《诗经》上的话："没有过失没忘祖，一切都循旧规章。"接着他又说："遵行先王法度而犯错误的，还从未有过。圣人既然竭尽视力，再加上圆规、曲尺、水准、墨线，画方、圆、平、直是用不胜用的；既然竭尽了听力，再加上六律，校正五音是用不胜用的；既然竭尽了心智，再加以怜恤民众的政治，那么仁爱就泽被万民了。"最后，孟子得出结论："筑高台的必要凭借原有的丘陵高地，挖深池就须利用原有的河流沼泽。治理国政却不因循先王之道，能说得上聪明吗？"

赏析

万物都有规律，万事都有规矩。如果世间没有了规矩，我们的生活就会成混乱一片。没有了红绿灯，行人和车辆会横冲直撞；没有了规则，我

们的球赛会变成斗殴；没有了法律的约束，人们行事会无所顾忌……

年轻的心总是讨厌羁绊，但是如果一点约束都没有的话，我们只会让自己放任自流。规矩约束着每一个人，约束着世间万物按照"列车既行的轨道"行驶，这样我们才会有安全感，生活才变得美好。

五十步笑百步

释义

作战时后退了五十步的人讥笑后退了百步的人。比喻自己跟别人有同样的缺点错误，只是程度上轻一些，却毫无自知之明地去讥笑别人。

故事

有一次，孟子到魏国去见国君梁惠王。惠王接待他时，问道：

"老人家，您不怕千里之远，来到我国，将怎样帮我国谋利呢？"

孟子回答说："大王，何必先要谈利呢？我们谈谈仁义怎么样？如果大王问我怎样为国谋利，您的官吏又问我怎样为他家谋利，百姓再问我怎样为他们个人谋利。这样，上上下下互相追逐私利，国家就危险啦！"

梁惠王听后没有话说了，他请孟子在魏国住下，时常请他进宫来谈谈，一天，惠王说：

"寡人对国家大事，是很尽心尽力的。比如说吧，河内遭到了灾荒，

寡人就把那里的老百姓迁移到河东去,再把河东的粮食运到河内去。河东如果遇到了灾荒,也是这样做。请问,可以说是尽心尽力了吧?"

孟子不答,默默地点头。惠王又接着说下去:

"我留心观察邻近别的国家,他们的国君没有人能像寡人那样尽心尽力的。可是,邻国的百姓人口并不减少,而我国的百姓也不见得增多,这是什么道理呢?"

孟子微微一笑,立即回答说:

"大王请允许我用作战来打比方。假如两军作战,一方抵挡不住,兵士们丢掉盔甲,拖着兵器向后逃走。其中,有些人一直逃了一百步,而有些人却只逃了五十步就停止下来了。"

孟子说到这里,问惠王:"战斗结束,那些只退了五十步的人,讥笑退一百步的人为怯懦、怕死,大王以为如何呢?"

"那怎么可以!"惠王摇了摇头说,"他们虽然没有逃到一百步,但总还一样是逃啊!"

"大王知道了这一点,就不能因为大王在灾荒时迁移百姓运送粮食,便希望魏国的百姓比邻国多了!"就这样,孟子含蓄地告诉惠王,魏国与邻国君主的行动,不过是"五十步"与"一百步"的相差而已。

赏析

失败乃成功之母,做任何事情的时候都有可能面临错误和失败,但是,关键是每个人面对失败和错误时候的态度和方式。正确地面对错误会使你得到意料之外的收获,也许这些宝贵的经验教训是以后成功的必备要素,并能使你更快地达到目标。相反,如果无法正视自己的错误,反而只图心理安慰,嘲弄更不如自己的人,是永远无法进步的,那样只能在错误的怪圈中停步不前,反而离成功越来越远。

小吏烹鱼

释义

指钻了空子、占了便宜却蒙混过关，未受到惩罚的人。

故事

从前有一天，有人把一条鲜活的大鱼送到郑国子产的府上，以表达对这位卿相的尊敬。可是豪门大户平时并不缺少一条鱼做顿饭菜，因此子产便叫一个小吏把鱼放进池塘里养起来。

相府池塘里的鱼虽然很多，但并不是一个小吏所能享用到的。这次小吏见鱼在自己手上，便悄悄拿回去煮着吃掉了。

事后，小吏报告子产说："我已经把那条鱼放进池塘里去了。您猜怎么着，那条鱼刚一入水，呆头呆脑的，连身子都稳不住。我想它是活不过来了。可是没过多久，那条鱼就缓过气来，甩了甩尾巴，一头钻进深水里去了。"子产听后高兴地说："好，好！这正是我们常说的'如鱼得水'啊！它找到合适的去处了！"

小吏见自己的谎话没有被识破，从子产那里出来后便很得意。他自言自语地说："人们都说子产很聪明，我看有点言过其实。鱼已经被我煮着吃掉了，他还以为正在池塘里游着，嘴上不住地说什么'找到合适的去处了'。难道这'合适的去处'竟是我的肚肠吗？哈哈！真有意思！"

所以说，君子可能会被看似合情合理的话骗住，而不容易受不合情理的谎话蒙蔽。

赏析

这则寓言告诉我们这样两个道理：一是，谎言往往用一层合乎情理的伪装来掩饰，不能识破伪装者，注定要上当受骗；二是，做事如果不调查研究，偏听偏信，即使是聪明人，也免不了要犯错误，让别人钻空子。

胁肩谄笑

释义

为了奉承人，缩起肩膀装出笑脸。形容巴结人的丑态。胁肩：耸起双肩做出恭谨的样子。谄笑：装出奉承的笑容。

故事

有一次，公孙丑问他的老师孟子："文人学士是不是就不要跟执政当局去接触？"

孟子的回答是，要看具体情况。他说："古代有这样的习惯：不是臣属，就不见君王。从前魏文侯去访问名士段干木，段干木跳墙躲开了；鲁穆公去看望贤人泄柳，泄柳关着大门不出来相见。这都未免过分了。必要的时候，还是应当见的。当年阳虎（春秋时鲁国执政者季孙氏的总管）想让孔子去见他，但是自己放不下架子，不肯先去拜访孔子，竟然耍个花招，

打听得孔子不在家,派人送去了一只蒸豚(有人说是火腿)。按礼节,大夫或相当于大夫的贵宾对士有所馈赠,士如果不在家,没有亲自拜受,事后就必须亲自去向馈赠者答谢。孔子知道这是阳虎的花招,便也打听得阳虎不在家才去答谢。如果阳虎不摆架子,不耍花招,孔子是不会像段干木、泄柳那样拒不接见阳虎的。当然,向权贵献媚、曲意逢迎,是可耻的。正如曾子所说:"耸肩假装恭敬,讨好地谄笑,比夏天浇菜地还累。"

赏析

世界上有一种人,对有权势者低头哈腰、阿谀奉承,但是对待其他人就马上变脸。实际上这种人丑态百出,没有人会真正地尊重他们。也许他们暂时因为逢迎获得了一些利益,但是从长远来看他们却失去了人们的尊重。

我们对待他人应该一视同仁,不能因为对方的地位和财富而区别对待,这样才会有自己的人格,才会有自己的尊严。阿谀奉承的人就像是一个个衣冠楚楚的乞讨者,只会卑颜屈膝,不会自立自强。

心官则思

释义

心的功能在于思考。

故事

有一次,孟子的弟子公都子说:"告子讲:'人的本性没有善没有不善','本性可以使它善良,也可以使它不善良。所以,周文王、周武王在位,百姓便变得善良;周幽王、厉王在位,百姓便都变得横暴。'又说:'有些人本性善良,有些人本性不善良,所以,以尧这样的圣人为君,却有象这样的坏蛋。以瞽瞍这样坏的父亲,却有舜这样的好儿子。以纣这样恶的侄儿,这样恶的君王,却有微子启、王子比干这样的仁人。'如今老师说的人的本性都很善良,难道他们都错了吗?"

孟子说:"从天生的资质看,可以使他善良,至于有些人不善良,不能归罪于他的资质。"

接着,公都子又问:"同样是人,有的人成为君子,有的人成为小人,这又是为什么呢?"孟子说:"顺从大体就成为君子,顺从小体就成为小人。"

听了孟子的解释,公都子又问道:"有的人顺从大体,有的人顺从小体,又是为什么呢?"

孟子耐心地说:"耳朵眼睛这类器官不会思考,所以被外物蒙蔽。它们一旦接触外物,会接受引导,而心灵这器官是主管思维的,思考便有所得,不思考便无所得,这是上天赋予我们的。人们通过思维,确立人生目

标,有些人之所以成为君子如此而已。"

赏析

人本就是一身清白来到世上,很多事情和事物都是通过人的判断,思考来认知和熟悉的。人拥有思维,是特殊于其他生物的,所以,做任何事和认识事物的时候,我们应该通过自己的思维进行合理和正确的判断,这样才能指引我们往正确的方向发展,事情才能发展得顺利。

如果你不向前走,谁还能推你向前走?所以,每个人的思维和态度决定着一切。积极自主的思维态度,会成就你成功的人生道路。有效的思维方式和做事态度,会使你更快捷地走上成功之路。

性善如水

释义

人性的善良就像水一样。

故事

婴儿刚一生下来的时候,只会哇哇地啼哭,这个时候,这个小生命是没有坏心思的,自然也不懂得如何做坏事。

人的本性就好像是湍急的流水，在平面上，水流是没有固定方向的，既不是非要向东流或非要向西流，也不是非要向南流或非要向北流，而是从东方开了缺口便向东流，从西方开了缺口便向西流，但是水流是有向上或向下的定向的，水的天性就是向下流。

婴儿也是这样的，人的本性是向善的，人性的善良，就好像水的天性是向下流一样。初生的婴儿，在最初的时候，没有不善良的，就像水没有不向下流的道理一样。然而，如果击打小流，那么也可以使水飞溅起来，用力拍击水流，掀起的水花可以高过额头，甚至是倒流回去。而且，除了拍击水流之外，人们还可以通过各种技术，将从高山上流下来的水重新引上高山。但是，这并不是流水的本性，而是形势迫使水流流向改变。

所以，同样的道理，一个人在刚刚生下来之后，本性是善良的，但如果在后天受到了坏人的影响，没有能够走上正途，也是可以使他做坏事的。因为人的本性也像流水一样，是有可能改变方向的。

赏析

人们常说，世界是客观存在的，然而，人却不同，人有自己的意识和思维。很多人都是如此，常常会因为某些事情或某种状况而转变，也许转变的是性格，也许是态度，也许是脾气，等等。

任何事物都是会变化的，人也一样。但是人是有思维能思考的，人们可以通过自己的大脑对事物做出判断。生活并不复杂，但是却需要我们自己做出选择。你可以决定自己走什么样的人生道路，也只有你自己才能选择要踏上怎样的道路。

宣王之囿

释义

齐宣王畜养禽兽的园林。囿：古代帝王畜养禽兽的园林。

故事

古代的君王都有园林，作为他们游玩的好去处。

有一次，齐宣王问孟子："周文王的园林，方圆有七十里，有这回事吗？"孟子回答说："据史籍上记载，有这回事。"齐宣王说："如果是这样，它的范围不是太大了点吗？"孟子说："老百姓还认为它太小了。""这是怎么回事？"齐宣王很不理解，他接着说："我的园林，方圆只有四十里，老百姓还认为它太大了，这不是矛盾了吗？"

孟子解释道："周文王的园林，方圆七十里，砍柴的人去那里砍柴，打猎的人到那里打猎，甚至散步的人去那里散步，周文王与老百姓共同拥有这个园林。老百姓认为它小，这不是很自然的吗？相反，我刚到齐国边境时，询问齐国的重要禁令，然后才敢进入齐国。虽然您的园林只有四十里，如果有捕杀麋鹿的，就等于犯了杀人罪。那么，这方圆四十里的园林就是导致民死的陷阱。这样，老百姓认为它太大，不也是很对吗？

齐宣王听了之后恍然大悟，觉得很有道理。

赏析

有时候人们就像王侯，在内心里画一个圈作为自己不可侵犯的领域，

在这个领域里唯我独尊。

很多人都有自己的个性,有很多不可动摇的原则和规矩,这本来是无可厚非的事情。关键是我们对待这些东西的态度。如果别人侵犯了它,我们就暴跳如雷,无法自制。大是大非的原则是肯定不能动摇的,但是那些鸡毛蒜皮的繁文缛节如果一味计较就是吹毛求疵了。如果那样,人们对你就像对待王侯的园林,只远观,而不会亲近了。

揠苗助长

释义

把苗拔起,帮助其生长,后用来比喻违反事物的发展规律,急于求成,反而坏事。揠:拔起。

故事

孟子和公孙丑经常在一起议论国家大事。有一次,公孙丑问孟子说:"您在齐国做卿相,可以行您说的道,齐国由此而成为霸主。如此,您动心吗?"

孟子说:"不!我不动心。"

公孙丑说:"要是这样,您可远远超过孟贲(bēn)了。"

孟子说:"这并不难,告子就比我更不动心。"

公孙丑问:"不动心有什么方法吗?"

孟子说:"有。"

孟子说了一通不动心之道,公孙丑听着很感兴趣。听完了孟子说他的不动心之道,他问孟子:"敢问您有什么长处吗?"

孟子说:"善于剖析言辞,我善养我的浩然之气。"

公孙丑接着问:"敢问您什么叫浩然之气呢?"

孟子说:"这可不好说啊。浩然之气之所以为气,它至大至刚,只要养而无害,它就塞于天地之间,无处不在。它之所以为气,是合乎道义,并且可以助长道义,如果不是这样,那么它就不会充于天地之间。人做事有不满足之心,那么他体内就不会有浩然之气。所以我说告子未必知道义

是怎么回事,说义是外在的东西。人做事可以不必预其效果,但是心里不能忘掉,也不能强行去助长那个效果。不要像宋国人那样。有一个宋国人老是忧虑自己田里的禾苗长不大。有一天,他就把那些苗全都往上拔了一截,这样看起来就比原来高出许多了。他既带着高兴的神情也有着无知的那种茫然回到家里,对家人说:'今日真累,我在地里帮助我们的禾苗长了。'他的儿子听到他能帮助禾苗长大,就跑到田里看,结果,他看到自己田里的禾苗全都枯萎了。天下的人没有不希望自己的禾苗长大的,以为没有什么用处而舍弃的是那些不管理耕耘的人。可是为了帮助禾苗长大,却去把它拔高,不但没有益处,反而有害处。"

公孙丑听完这些话,问孟子说:"什么叫知言呢?"孟子说:"偏颇的话我知道它的片面所在,放荡的话我知道它能让人沉溺,邪辟的话我知道它的离叛,闪烁的言辞我知道它的如何屈理。如果不知道这些话,那么这些话生于心,就要害政。要是发于政,就要危害事情。如果圣人再起的话,那么他必定会赞称我这些话的。"公孙丑听了这一席话后十分高兴地说:"这真是听君一席话,胜读十年书呀!"

赏析

世界是客观存在的,任何事情都有其自然生存发展的规律和道路,任何事物都有其自然生存的周期和阶段。人活在世上,就一定要遵循一些客观规律,按照自然发展的步骤,在每个阶段做所属的事情。如果急于求成,扰乱了自然规律,反而徒劳无功,破坏了原有的节奏,影响了大局。

夜以继日

释义

形容勤奋工作或学习。

故事

有一次，孟子的学生问："老师，周公为什么会受到人民的拥戴呢？"孟子说："禹讨厌美酒而喜欢善言，汤掌握住正确的原则，选拔贤人没有一成不变的常规。文王看待百姓，如同他们受了伤一样，总是同情抚慰；望见了'道'却像没有看见一样，总是不断追求。武王不轻慢近臣，不遗忘远臣。周公想要兼有三代圣王的功业，实践禹、汤、文、武的美德，要是有不合当时的情况，就仰头思索，白天想不好，夜里接着想；若是想通了，就坐等天亮，以便立即实行。"

孟子在这里所盛赞的周公，是周武王之弟，亦称叔旦，是西周初期的著名政治家、思想家。他辅佐武王灭商。武王死后继承王位的成王年幼，由叔父旦摄政。平定管、蔡与武庚叛乱，营建洛邑作为东都。相传他制礼乐，建立典章制度，主张"明德慎罚"。因为他所封的地方在周，因此被称为周公。

孔子在其年老体衰之时，高声慨叹道："吾已衰矣，久矣吾不复梦见周公！"由于孔子的推崇，周公成为后来儒家学者最为尊崇的古圣之一，有时与孔子合称为"周孔"。那个学生听了孟子这一番话后，深深体会到，难怪周公会得到人民的拥戴，道理就在这里呀！

赏析

生命不息,学习不止。在我们短暂的人生中,想要突显自己的价值,就要不断地学习,不断地充实自己,提高自己。年轻时,我们学习,为了成长,为了我们的理想;成熟后,我们学习,为了补充自己,让自己的人生更充实,更丰富;等到年老了以后,我们学习,是一种对人生的回味,那又是另一种境界。这就是古人曾教育我们的活到老学到老的思想。

而在学习的过程中,我们也是一种享受,一种对人生和人性的体味,使我们不断地提高,不断地发现新的自我。夜以继日地学习,就如同我们的生命,生命的过程就是一个学习的过程,生活中不断地学习,在学习中生活,人生才会更多意义更多美好。

一曝十寒

释义

即使是最容易生长的植物,晒一天,冻十天,也不可能生长。比喻学习或工作一时勤奋,一时又懒散,没有恒心。

故事

齐王管理国家大事,没有什么成就,当时人们对齐王很不满意,所以

有人说：齐王的资质大概是不够聪明吧！

孟子说："这不是聪明不聪明的问题。比方以培育植物来说，我们知道，一般的植物都需要温暖的阳光，而害怕寒冷。如果我们培育一种植物，在阳光下仅仅暖了它一天，而在寒冷的空气里却一冻就连冻十天，这样，即使是最容易生长的植物，也一定长不起来。齐王并不见得不聪明，像我这样给他阳光的人，见他的机会很少，偶然见他一次，同他谈一谈，向他提些意见，可是我刚一走，向他吹阴风的人就连续而来，有时看见他有萌芽的希望了，结果到底还是不成！我就没有什么办法了。"

赏析

有时生命就像是一朵花，经历着大自然的风霜雨露，饱尝了黑暗带来的痛苦与折磨，但总会看到阳光。所以人生中遇到任何困难和波折，都不要放弃，只要坚持下去就会看到希望，只要不断地坚持，成功的光芒一定会照耀到你。

学习、生活，都是一样，任何事贵在坚持，如果一直是三天打鱼两天晒网，做事情半途而废，那么成功只会遥不可及。坚持是一种自我完善的过程，也是一种精神的历练。

义理悦心

释义

探究名理的学问使心情愉悦。

故事

孟子认为人们的脑筋都是一样的,都能作推理和判断来认识欣赏客观事物。他说:"丰收好年成,年轻人多懒惰;灾荒坏年成,年轻人多强暴。这并不是天生的资质有所不同,而是环境改变了他们的思想。拿大麦作比喻吧,播了种,耙了地,如果土地相同,种植的时候也一样,大麦便会蓬勃生长,到了夏至就会成熟。即使有所不同,那也只是由于土质的肥瘠、雨露的多少、人的管理有差异的缘故。所以同类事物,大体相同。"

孟子的学生问道:"为什么讲到人便怀疑起来呢?"

孟子接着说:"圣人与我们同类,都一样是人。所以古代贤者龙子说:'不看清脚样去织草鞋,我知道他也不会织成箩筐。'草鞋的相似,是因为人的脚形状大体相同。人的口对于味道,有相同的嗜好,齐桓公时最擅长烹调的易牙早就摸准了这一点。假如口对于味道,人各不同,就像狗马与人本质上不同一样,那么,天下的人凭什么都追随易牙的口味呢?一讲到滋味,天下人都期望于易牙,说明天下的口味大体一样。耳朵也是如此,一谈到声音,天下人都期望晋平公时的乐官师旷,说明天下人的听觉大体一样。眼睛也是如此,一说到郑昭公时的美男子子都,天下没有谁不认为他俊美。所以说,口对于味道有相同的嗜好,耳朵对于声音有相同的听觉,眼睛对于容色有相同的美感。"

孟子最后总结说："谈到人心就没有相同之处吗？人心相同之处是理和义。圣人早就懂得了人心的相同之处，所以理义能愉悦我们的内心，就如同猪、牛肉合我们的口味一样。"孟子的学生听了后明白了人心是相同的，不过是环境能改变他们的思想罢了。

赏析

在以个人为行为主体的时代里，能够约束众人并使之得到真心快乐的，只有得到广泛认可的社会公理和社会道德，这一点是古今一致的。

只有自觉会被动地接受了社会公理道德的约束，才能获得内心的彻底愉悦；违背了社会公理道德，一定会寝食难安。

以邻为壑

释义

拿邻国当做大水坑，把本国的洪水排泄到那里去。比喻只图自己一方的利益，把困难或祸害转嫁给别人。壑：山沟。

故事

战国时候，魏国有个丞相叫白圭，是个治水的能手。他曾为魏国兴

修水利,发展生产,有一定的功绩。但是他的治水方法,主要是修筑堤坝,用以阻拦洪水冲入本国国境,至于邻国是否将因此泛滥成灾,他就不管了。

白圭对自己的治水工作相当满意,曾得意地对孟子说:"我很懂得治水,我的方法恐怕要胜过大禹哩!"孟子冷笑一声,不客气地说:"算了吧!你那叫什么治水呀!你知道大禹是如何做的吗?"

原来,大禹治水的方法与白圭完全不同。在大禹之前,鲧(gǔn)治了九年水,仍然没有把水治服,因为他只懂得水来土掩、造堤筑坝,结果洪水冲塌了堤坝,水灾反而闹得更凶了。舜觉得鲧办事不力,就把他杀了,又改收鲧的儿子禹去治水。

禹改变了他父亲的做法,用开渠排水、疏通河道的办法,把洪水引入大海。当时黄河中游有座龙门山,挡住了河水的去路,致使河水溢出河道,造成水灾。禹就领人开凿龙门山,开了一个大口子,让河水畅行无阻。就这样,经过十三年的努力,终于治服了洪水,使百姓过上了安居乐业的生活……

孟子回顾了这段历史后,对白圭说:"大禹是顺乎水的本性,把河水引入河道,最后流向四海;你却修堤筑坝补漏洞。你自己的国家是保住了,可大水却流到你的邻国去了,这叫做'以邻为壑',凡是有仁爱之心的人是干不出来的。你还有什么值得夸耀的呢?"

白圭听了孟子的批评,羞愧万分,再也不宣扬自己治水的功绩了。

赏析

社会是个复杂而相互联系的大链条,每个人都不是独立存在于世上的。世界的美丽并不是因为有了很多美丽的事物,而更多的是因为人们心中都有一颗美好而善良的心灵,只要心中有美好,世界皆美好。"只要

心中有佛,看万物皆是佛。"

所以,我们每个人都应该有一颗美好的心灵,为了自己也为了他人。有了困难和问题,我们应该正确地面对,合理地解决,而不应该把问题和困难嫁祸给别人,这样对别人不好,同样对自己也不利。心中充满阳光,世界才更精彩。

一毛不拔

释义

形容为人非常吝啬自私。

故事

战国时期,魏国有一位学者叫杨朱,字子居,又称杨子。他的学说主张"为我",与墨子的"兼爱"学说正相反。孟子在谈到杨子和墨子的学说时,说:"杨子主张什么事都以自我为中心,拔一根汗毛而对天下有利的事,他都不肯干。墨子主张兼爱,哪怕浑身上下皆因辛劳而造成疾病,只要对天下有利,他什么都干。而鲁国贤人子莫,主张折中而行。他认为折中比较恰当,但若不知道随时变通,就和偏执一端一样。之所以厌恶偏执一端,是因为它损害了仁义之道,只抓住一点而废弃了其余。"

赏析

可以对自己节俭,不要对别人吝啬。有些人总是吝啬自己的付出,但是却期盼收获。实际上在春天耕种的时候连种子都不舍得丢一颗的人,怎么能够得到硕果累累的秋天呢?我们对待他人的态度也是如此,不要期待别人主动给予自己什么。首先问问自己给了他人什么。如果自己都一毛不拔怎么能够期待得到别人馈赠?这样的人是很难得到友情的。

那些慷慨大方的人,如同李白那样有"千金散尽还复来"的气概,才能写出壮丽的诗篇,才能够交遍天下朋友。

易如反掌

释义

像翻一下手掌那样容易。比喻事情很简单,非常容易完成。反:翻转。

故事

有一天,公孙丑问孟子说:"您如果在齐国当了政,掌了权,管仲、晏子当年的功业可以再度兴起吗?"

孟子说："您可真是一个齐国人，只知道管仲、晏子罢了。以前有人问曾西说：'您和子路相比，谁更强一些？'曾西恭敬不安地说：'他是我父亲敬畏的人，我哪里敢和他相比呢？'那人就又问：'那么，您和管仲相比，哪个强？'曾西马上不高兴地说：'您为什么竟把我和管仲相比呢？管仲得到齐桓公的赏识，是那样的专一；掌握国家的政权，是那样的长久！但成就的功业，却那样微不足道！您为什么把我和他相比？'"

孟子停了一下又说："管仲是和曾西都不能比的人，您以为我愿意学他吗？"

公孙丑听了以后回答道："管仲辅助齐桓公建立了霸业；晏子辅助齐景公使他名扬天下。难道管仲、晏子这两个人还不值得学习吗？"

孟子遗憾地说："凭齐国这样的大国行仁政来统一天下，是易如反掌的事啊！"

公孙丑听了不以为然，还坚持自己的见解。

赏析

万事开头难，但是，如果你能在事情的发展中找到一个属于你自己的方法和解决手段，那么你便可易如反掌地来完成这件事。

所以，做任何事情，我们都要学会坚持和钻研，要懂得学习和发现，这样，所有的难事也将不再困难，只要我们找到适合自己的方式方法，提高自己的能力和水平，这样做起事来我们就少了很多波折和困难。每个人都有自己的长处和短处，只要善于学习和锻炼，任何事都会变得易如反掌，相信自己，成功其实并没有那么难。

以羊易牛

释义

用羊来替换牛。比喻用这个代替另一个。易：更换，替换。

故事

齐宣王问孟子说："齐桓公、晋文公在春秋时代称霸的事迹，你可以讲给我听听吗？"孟子回答说："孔子的学生们没有谈起过齐桓公、晋文公的事迹，这些事迹没有传到后代来，我也没有听说过。那么，我只好讲讲用仁德的力量来统一天下的'王道'，您说可以吧？"

齐宣王问道："德行需要达到什么样的标准才能够统一天下呢？"

孟子说："什么事都要替老百姓着想。这样去统一天下，就没有人能够阻挡了。"

齐宣王说："像我这样的人，能够做到全心全意为老百姓服务吗？"

孟子说："完全可以做到。"

齐宣王追问道："你根据什么来断定我能够做到呢？"

孟子说："您的近臣胡龁曾告诉我一件事：宣王您坐在大殿上，有人牵牛从殿堂下经过，您看见后问道：'把牛牵到哪儿去呢？'牵牛的人回答说：'准备把牛杀了，用牛血涂抹那新钟的缝隙，以做祭祀之用。'当时您就说：'把这头牛放了吧！我实在不忍心目睹它战战兢兢、十分害怕的样子，它毫无罪过却要被杀死。'牵牛的人问道：'那么，祭钟的仪式也要废除吗？'您回答说：'怎么能够废除呢？用羊来代替牛吧！'我不知是否真有这件事。"

齐宣王回答道："确有此事。"

孟子说："您有这样仁慈的心，完全可以统一天下了。老百姓都认为您主张用羊代替牛是出于吝啬，但我知道您是于心不忍。"

齐宣王说："是的，的确有些老百姓这样看。齐国虽然不大，可是我怎么会舍不得一头牛呢？我是不忍心目睹牛那种害怕、战栗的样子，毫无罪过就被杀掉，因此才用羊来代替它。"

孟子说："老百姓认为您吝啬，您也不要感到奇怪。因为羊小牛大，用小的换大的，老百姓当然会有那种想法。他们怎么会体会到您的深刻思想呢？可是，不知您想过没有，如果可怜牛毫无罪过就被杀掉，用羊代替它，那么宰牛和宰羊又有什么区别呢？"

齐宣王笑了，说道："噢，我也弄不清楚自己是怎么想的。但是我以羊换牛，的确不是出于吝啬。经你这么一说，我感到老百姓认为我吝啬的说法，的确有一定的道理。"

孟子说："这没有什么关系！您这种'不忍'之心，正是仁爱的表现。问题在于，您只看到了牛，而没有看到羊。对待飞禽走兽，具有德行的人看见它们活着，就不忍心看到它们死去；听到了它们的悲号嚎叫，就不忍心吃它们的肉。因此，君子从来不愿意接近厨房。"

齐宣王听了孟子这番话，觉得很有道理，于是会心地笑了。

赏析

这则寓言说明了这样一个道理：杀牛和杀羊都是屠杀生命，对牛的怜悯与对羊的残忍在本质上是一样的，都不能算是仁慈。齐宣王"以羊易牛"只不过是骗人的把戏，并非真正的仁慈。真正的仁慈，是对世间一切的生物抱有仁爱和不忍之心，而非厚此薄彼。每一个生命都值得我们去珍惜，如小草，如濒临灭绝的珍稀动物……所以不要轻易践踏一个生命。

因小失大

释义

为了小的利益,造成大的损失。

故事

人最宝贵的是生命,因此养生之道很重要。但保养身体,就要保养好身体的每一部分。孟子说:"人对于身体,哪一部分都爱护。都爱护便都保养。没有一块肌肤不爱护就没有一块肌肤不保养。考察护养得好与不好,难道还有另外的方法吗?完全在于他重视哪一部分而已。身体有重要的部分,也有次要的部分;有小的部分,也有大的部分。不要因小损大,也不要以轻害重。保养小的部分,就是小人;保养大的部分,就是君子。"

孟子为了说明保养有重点,他就用场师和医师作了生动的比喻:"如果一位园艺家,放弃桐树梓树,却去种酸枣荆棘,那就是劣等园艺家。如果一个医师,只保养他的一个手指,却忘记了他的肩头背脊,那就是蹩脚医师。"同样道理,孟子最后还认为,如果有人只养口腹,不养心态,难道吃喝的目的仅仅是为了口腹的那一小部分吗?这也就是说,培养自己高尚的品质是多么重要啊!

赏析

人生就像一个巨型的容器,承载了生命中大大小小、形形色色的事情和物件,每一天都会有新的事物装进来,有没用的东西丢出去,如此循环,生生

不息。但是，人生的容器也有它的容量。因此，很多时候，有些东西我们不得不放弃，不得不失去，这样才会得到另外的一些。

人生必要有所失，才会有所得。不要死守一些并无意义的东西，反而失去了更重要的东西。

引而不发

释义

拉开弓却不把箭射出去。比喻善于启发引导。也比喻做好准备暂不行动，以待时机。引：拉引。发：射箭。

故事

孟子处在"百家争鸣"的战国时代，他既以继承尧、舜、禹、汤、文王、孔子等的"古圣先贤"的道统自居，又以"避异端"、"斥邪说"为己任，积极宣传自己的学说和主张。他认为，天下有道政治清明的时候，君子要为道而献身；如果天下无道，政治黑暗的时候，君子要挺身而卫道，直至牺牲自己的生命。

有一次，他的学生公孙丑问孟子："道是崇高的，完美的，好像是登天一样，似乎是高不可攀的，为什么不让它成为可以企及而每天去苦苦追求呢？"孟子为了回答这个问题，他作了一个生动的比喻，他说："严师不因

拙劣的徒工改变或废弃规矩,古代著名射手后羿也不因为拙劣的射手而改变张弓的标准。君子发扬正道,也像弓师教人射箭一样,他张弓搭箭,拉满了,并不发射,做出跃跃欲试的样子。他引导学者,凡是具有学习能力的人都能努力跟上。如果人为地降低标准,就会脱离客观实际,就不是道。这需要学者从实践中去努力、体会了。"

公孙丑听了孟子这番话,终于明白了严师出高徒,师严然后才道尊的深刻道理。

赏析

成功像那朵盛开的花朵,每个人的花朵都形态各异、芬芳不同,不同的时期有不同的姿态。但是,那些使花朵盛开的能量却都要那么的充裕,足够的阳光、足够的水分、足够的养料,才会促使这美丽的花朵盛开。

做事情亦如此,不管你的目标和结果怎样,你都该用足够的努力去实现,不降低标准,不放弃目标,在未成功之前,不松懈力量。

与民偕乐

释义

和老百姓一起快乐。

故事

孟子拜见梁惠王。惠王道："老先生不远千里前来，将会带给我们国家什么利益呢？"

孟子回答说："大王何必讲什么利益呢？只要有仁义就够了。大王如果把义放在后边而先求得自己的私利，那么，那些大夫不去夺取国君的位子是决不会满足的。没有讲仁义的人会抛弃父母的，也没有讲仁义的人而不顾及君王的。大王只说说仁义罢了，何必去谈利呢？"这样，梁惠王被孟子说得心悦诚服。

后来，孟子又去拜见梁惠王，惠王在水池边，观看鸿雁和麋鹿，说道："贤者也是这样为乐吗？"

孟子回答说："是贤者，然后才能乐于此，不是贤者，即使有这些东西，却没有乐趣。"这时候，孟子想到《诗经》上说："文王开始造灵台，细心经营巧安排。黎民百姓同施工，不到九日落成快。筑台本来不需急，百姓自愿来出力。文王游览到灵苑，母鹿伏地很温驯。母鹿肥大一群群，小鸟俊美羽毛白。文王游览到灵沼，满池鱼儿齐跳跃。"因此，孟子接着说："周文王用民众的力量筑台修池，而民众都非常高兴，称此台为'天台'，称此池为'灵沼'，喜欢灵苑、灵沼有麋鹿和鱼鳖。古代的君王能够与老百姓同乐，所以能够享受到真正的快乐。这就是贤者才能享受这种乐趣。相反，《尚书·汤誓》中说：'这太阳啊（指暴君夏桀）怎么还不陨落，我们要与你一同灭亡。'老百姓要与夏桀一起灭亡，他即使有台池鸟兽，难道能够独自快乐吗？"梁惠王听了孟子这一正一反的道理，再次点头称是。

赏析

追求快乐，是很多人所渴求的事情。但是，快乐总是难求。童年或许

仅仅一个玩具,我们就能爱不释手,仅仅是堆堆沙土也能够乐趣无穷,为什么年长以后这些快乐都不在了呢? 因为我们丢了快乐的心,我们自己已经不是快乐的孩子。那些过去的风景,其实一直都还在,但是那些过去的心境或许已经找不回来了。

要重拾快乐,就是要找到那个快乐的心灵。快乐不是因为外物,而是因为自己的内心是充盈的。贤人不是因为外人的夸耀才成为贤人的,而是因为贤人懂得与人同乐的道理。

与人为善

释义

指赞成人学好。现指善意帮助人。与:赞许,赞助;为:做;善:好事。

故事

孟子认为一个人要有高尚的品质,他十分佩服伯夷的为人。他说:"伯夷,不够格的君主不侍奉,不够格的朋友不交往,不在恶人的朝廷做官,不同恶人交谈。认为在恶人的朝廷做官、和恶人交谈,就好像穿戴着上朝的冠服坐在污泥黑炭中一样。把这种厌恶恶人的心推广开去,感到要是跟一个乡下人站在一起,乡下人的帽子戴得不正,定会决然不顾地离去,好像什么会弄脏自己似的。因此诸侯中虽有好言礼聘他的,他却不肯接

受。不接受的原因，就是不屑与之为伍。"不仅如此，孟子还认为一个人应该与人为善。他以子路、禹、舜为例加以说明。有一次，孟子对他的学生说："子路是别人指出他的错误就高兴；禹则听到有益的话就下拜。舜又比他们两个更伟大，能同他人一起行善，放弃自己的错误听从他人的正确意见，乐于吸取别人的优点来为善。从他种庄稼、制陶、打渔到成为天子，没有优点不是从别人那儿学来的。吸取别人的长处而为善，就是帮助和赞许别人共同为善。所以君子的德行没有比赞许和帮助人行善更伟大的了。"

赏析

人性本善，每个人最初都是有一颗爱自己爱他人的心，人生路漫漫，如果我们能一直保持着这种心态，和人交往，与人为善，那么我们便可收获越来越多的美好。

社会是个大家庭，每个人都是这个家庭的一员，我们生活在世上，与世人相处，才构成了整个社会。与人为善，就要善待他们，心中不可有邪恶之想，只要你善待别人，别人才会同样善待于你，这样，社会才会和谐美好，生活才会有更多的快乐和幸福，世界才会多一些阳光和笑容。

与众乐乐

释义

和众人一起欣赏音乐也是快乐的。

故事

古时候,有一个叫庄暴的人来见孟子,他对孟子说:"我被齐王召见,齐王把他爱好音乐的事告诉我,我不知道用什么话回答。"孟子听了,回答说:"如果齐王真的很喜欢音乐,那么齐国大概治理得也很好了吧!"

后来有一天,孟子被齐王接见,孟子就向齐王说:"您曾经把自己爱好音乐的事告诉庄暴了,是真的吗?"齐王说:"我不是爱好古代的高雅音乐,只是爱好世俗流行的音乐。"孟子说:"当今的音乐和古代的音乐是一样的。只要您真的很爱音乐,齐国就一定能够治理得好了。"齐王面露疑色,问道:"这是什么道理呢?"孟子回答说:"请让我给您谈谈关于欣赏音乐的事吧。假如您在这里奏乐,百姓听到您的钟、鼓、箫、笛的声音,都觉得头痛,愁眉苦脸地互相转告说:'我们的君王这样爱好音乐,为什么使我们落到这样坏的地步呢?父子不能见面,兄弟东奔西跑,妻子儿女离散。'假如现在君王在这里打猎,百姓听到您的车马声音,看到仪仗的华丽,都觉得头痛,愁眉苦脸地互相转告说:'我们的君王这样爱好打猎,为什么使我们落到这样坏的地步呢?父子不能相见,兄弟东奔西跑,妻子儿女离散。'这没有别的原因,只是您不肯和百姓一起欢乐啊。如果您在这里奏乐,百姓听到您弹奏钟、鼓、箫、笛的声音,都高兴地互相转告说:

'我们的君王大概没有疾病吧,不然,怎么能奏乐呢?'如果现在您在这里打猎,百姓听到您车马的声音,看到仪仗的华丽,都高兴地互相转告说:'我们的君王大概没有疾病吧,不然怎么能打猎呢?'这同样没有别的原因,只是因为您能和百姓同欢乐啊!如果现在您能和百姓一起欢乐,那天下就能统一了。"

在孟子的观念中,国君自然可以喜欢音乐,也可以喜欢田猎,但这个"喜欢"得出的"快乐",必须是具有普遍性的,也就是不能只是君王一个人快乐,而是应连老百姓也能分享到国君的快乐心情。

如果国家治理得不好,导致民不聊生、百姓叫苦连天,那么国君对某事、某物的喜好,只是一种自私的感官享乐,只会造成百姓的反感与不满。如果国家治理得好,整个国内和乐安康,歌舞升平,国君出门田猎或享受音乐之美时,百姓们自然可以因此感受到国家的富强、富足,并也因君王的身体强健而感到欣慰。所以,孟子认为,能够"推己及人"的快乐,具有分享价值的"独乐(yuè)乐不如众乐(yuè)乐"的快乐,才是一个国君真正该拥有的快乐。齐宣王听了孟子这番话后,觉得很有道理,高兴地笑起来了。

赏析

快乐,如果没有人分享,结果肯定是让人失望。如同我们做了一件很骄傲的事情,但是却无人知晓,甚至是无人关心,我们快乐的心情会不会大打折扣?所以,我们要懂得分享自己的快乐,这样一份快乐就会变成很多份快乐。等到别人拥有快乐的时候,也会和你一起分享。

一个人独自品尝快乐,这样的快乐是难以长久的。真正的智者,会在他们快乐的时候,去感染其他人,去与人同乐。

缘木求鱼

释义

爬到树上去找鱼。比喻方向或办法不对头,不可能达到目的。缘木:爬树。

故事

齐宣王企图称霸天下,孟子劝他放弃这种念头。孟子说:"要统一天下,应从改革政治,施行仁政入手,使百姓生活安定,人心归服。靠武力、行霸道,是行不通的。"

齐宣王有些想不通,不使用武力,怎么能统一天下呢?

孟子为了说服齐宣王,他又说:"您动员全国军队,使将士冒着危险去攻打别的国家,是为的什么呢?"

齐宣王说:"为的是满足我最大的欲望。"

"您最大的欲望是什么?可以讲给我听听吗?"

齐宣王笑了笑,却不作回答。孟子问道:"是因为好东西不够吃吗?好衣服不够穿吗?因为没有艳丽的艺术品可看吗?没有美妙的音乐可听吗?还是因为侍候您的人太少,不够使唤呢……这些,您都不缺啊!"

齐宣王说:"不,不,我不是为了这些。"

孟子说:"那么,我明白了。您是想征服天下,扩张领土,使各国包括秦、楚等大国,都来朝贡,四方外族,也都听命于您,您成为天下唯一的霸主——是不是要满足这样的欲望?如果您正是这样,那就好比'缘木求鱼',不可能达到您的目的!"

齐宣王说："会有这样严重吗？"

孟子说："恐怕比这样更要严重。缘木求鱼，至多得不到鱼，却还不致有什么祸害。以您这样的办法想满足您的欲望，不但不可能达到目的，其后果将是不堪设想的！"

赏析

成功就如同到达一个顶峰，每个人站在地平线的位置，来寻找通往山顶的路。有的人直线攀升，有的人迂回前行，他们都能成功，因为他们锁定了自己的目标和方向，而力量和信念都会沿着这个方向前进。如果你在地平线的时候就选错了方向，那你努力的结果只能是离目标峰顶越来越远，结果只能劳而无功，白费力气。所以说，成功是要方向和目标都正确，只有这样，我们才能攀越一座座山峰。

再作冯妇

释义

比喻重操旧业。

故事

齐国发生饥荒,陈臻对孟子说:"国内的百姓都以为您会再次劝说齐王打开棠邑的粮仓来赈济灾民,恐怕不能再这样做了吧。"

孟子说:"再这样做就成了冯妇了。晋国有个叫冯妇的,善长和老虎搏斗,后来成了一个善士,不再打虎了。有一次他到野外去,看到有很多人正在追逐一只老虎。那老虎背靠着山势险阻的地方,没有人敢去迫近它。大家远远望见冯妇来了,连忙跑过去迎接他。冯妇挽袖伸臂地跳下车来,众人都很高兴,可士人们却讥笑他。"

赏析

老百姓欢呼叫好,并不是因为冯妇成了士人,而是由于冯妇下车打虎为民除害,而车上的其他士人没有认识到这一点,所以都在讥笑他。这个故事告诉我们,人的价值体现在多个方面。在别人需要帮助的时候,如果你能尽一己之力去帮助他们,就应该毫不犹豫地去做。即使会受到一些袖手旁观者的讥笑,我们也要去做。为了实现人生的价值,我们要从一点一滴的小事情开始做起。在我们能够承担的每个领域里,我们都能努力把事情做好,才是最重要的。

凿池筑城

释义

把护城河凿深，把城墙筑牢。

故事

孟子为了宣传自己的学说和主张，他来到了滕国。滕文公见到他后，开门见山地问道："滕国是个弱小的国家，竭尽全力侍奉大国，仍然避免不了灾祸，该如何做才好呢？"

孟子想了想回答说："从前周太王居位在邠地，狄人经常来侵犯。太王送给他们裘皮和丝绸仍免不了受他们的侵犯；送给他们良驹骏马，仍免不了受他们的侵犯；送给他们珠宝玉器，也免不了受他们的侵犯，于是太王就召集邠地的父老，告诉他们说：'狄人所要的，是我们的土地。我听说：君子绝不会拿养活老百姓的东西来害老百姓。你们何必担心没有国君呢？我将离开这里。'太王离开邠地，越过梁山，在岐山之下兴建城邑定居下来。邠地人说：'太王真是仁人，我们可不能失去他啊！'跟从太王到岐山去的人很踊跃，像去赶集一样。也有人说：'祖上留下的土地应该世世代代守着它，并不是谁说离开就能离开的。至死也不能离开。'请大王从上面的两种做法选择一种吧。"

过了几天，滕文公又问孟子："滕国是一个很弱小的国家，夹在齐国和楚国之间，是侍奉齐国呢，还是侍奉楚国？"孟子回答说："决定这个策略不是我所能做到的；不得已，只有一个办法，把护城周围的池凿好，把城墙筑好，团结人民坚守着，人民尽死力捍卫，不散去，这是最好的办法。"滕

文公听了孟子的话后,觉得只要团结人民独立自卫,不依赖大国,才不会受人奴役。

赏析

有些人生性软弱,有些人生性好战,不同的性格决定不同的人生。可社会的多元化不是你一味的怎样就可以应对的,假如你知道面对强敌时,退缩只会助长对方的嚣张气焰,你是不是还会选择退缩呢?人人都知道乌龟爬得很慢,它有着所有动物里面最突出的弱点,可是乌龟不也生存下来了吗?它跑不快,躲避不了强敌的追赶,可是它有自己坚硬的外壳保护自己。如果我们抵不过别人,一味的软弱也不可取,至少我们可以让自己强大起来而不被随意侵犯。

治国之道

释义

治理国家的方法。

故事

孟子进一步发展了孔子的仁爱思想,并将它落实为具体的"仁政"主

张。当时各诸侯国之间竞争日益激烈,统治者们为了扩大自己的势力范围,大动干戈,争城夺地,杀人盈野,老百姓备受其苦。孟子却到处奔走,竭力劝说各国国君实行"仁政",爱护民众。他要求那些残酷掠夺剥削民众的君主们施恩于民,以民为本,与民同乐,多讲一点"义",少向民众争"利"。

有一次,孟子的弟子问他:"怎样治理好国家?"孟子说:"圆规和曲尺是方圆的最高境界;圣人是做人的最高境界,要做君主就应尽君主之道;要做臣子就应尽臣属之道。这两方面都是仿效尧和舜。不用舜奉待尧的做法来奉待君主,就是不敬奉自己的君主;不用尧治理百姓的做法来治理百姓,就是残害百姓。"

孟子的这个弟子还不够明白老师的意思,孟子就开门见山地接着说:"孔子曾说过这样的话:'治国的方法只有两条,行仁政和不行仁政。'残暴地对待百姓,重则国破身亡,轻则国弱身危;死后蒙上'幽'、'厉'的恶名,即使是孝子慈孙,经百世之后也无法更改。《诗经》上说:'殷商的鉴诫并不远,就是前一代的夏朝。'说的就是这个意思。"

孟子的这个学生听了老师的这番讲解,终于明白了仁义治国的重要性。

赏析

治国有治国之道,能够实行仁政为明君;为人有为人之道,能够有高尚的德行为孔孟。管理他人和自我管理,都是要以仁为怀,以德为先。对于自己要严格要求,对于他人要尽量宽容。

如果对自己要求宽松,我们就难以进步,甚至止步不前;如果对他人要求苛刻,我们就会失去朋友。只有如此,我们才能完善自我,才能受到他人的尊敬。

专心致志

释义

形容一心一意，集中精神。致：尽，极；志：意志。

故事

齐王管理国家没有什么成就，当时人们很不满意，有人认为齐王资质大概不够聪明。孟子为了说明这个问题，他先举了一个一曝十寒的例子后，又举了一个下棋的例子。他说："有两个人同时学习下棋，一个专心致志，一个却不能集中精力。结果，前一个学得很好，而后一个没有学成。这难道是聪明不聪明的问题吗？根本不是的。"

孟子举了这个例子后，他认为只有专心致志、集中精力地学习，才能够培养和加强思想的分析和判断的力量——智，才能达到正确认识客观事物规律的目的。相反，如果不专心致志地学习，智力经常被削弱、分散或抵消，就得不到足够的培养，从而得不到发展和运用，失掉学习的效果。

最后孟子向人们表明，齐王管理国家没有什么成就，根本不是资质不聪明，而是他的精力没有放在管理国家大事上罢了。

赏析

人生短短的几十载，岁月不待人，所以在这有限的时间内，每个人所完成的事亦是有限的，如若不一心一意、专心致志地来做，又能有多少件事能够满意而终？

每个人都有自己长远的理想和短期的目标,所以,在你准备好去做的时候,就一定要专心全力地去努力,这样,你就会在最短的时间离你的目标越来越近,成功将不复难求。如果不能专心致志地来做,而是顾此思彼,那么成功将永远遥不可及。

濯缨濯足

释义

水清就洗帽带,水浊就洗脚。后比喻人的好坏都是由自己决定。

故事

有一次,齐景公与孟子商量是否把女儿嫁到吴国。孟子说:"天下太平,政治清明时,小德被大德役使,小贤被大贤役使;天下不太平,政治混乱时,小的被大的役使,弱的被强的役使。这两种情况都是天意。顺从天意者生存,违背天意者灭亡。"

齐景公听了后说:"既然不能号令别人,又不愿意听从别人命令,真是无路可走了。"于是流着眼泪把女儿嫁到吴国。

孟子就景公嫁女的事发表议论,说:"不仁的人可以劝说吗?处境危险却自以为安全,灾祸临头还只顾夺取利益;做着毁灭自身的事还以之为乐。不仁的人可以劝说,则哪会有亡国败家的事呢?"

　　这时候,孟子想到了古代一首童谣:"有个小孩唱道:'沧浪的水清澈啊,就用它洗我的冠缨,沧浪的水混浊啊,就用它洗我的脚。'孔子说:'弟子们听着! 水清洗缨,水浊洗脚,是水自身决定的。'因此,人必定是先有自招侮辱的行为,而后别人才侮辱他;家必定是先有自致破败的原因,而后别人才会搞垮它;国必定是先有自取讨伐的缘由,而后别人才会讨伐它。《太甲》书上说'上天降灾犹可避,自己招祸无处逃',就是这个意思。"

　　齐景公听了孟子这些议论,不由得从心底里佩服。

赏析

　　世界是客观存在的,而人则可按照自己的意愿管理自己的人生。生命是一段旅程,而每一步的脚印都是在自己左脚与右脚的交叠中累积的,人生的路将顺次铺开。每个人的人生路都是自己走出来的,所以,自己的命运和生活,都应该由自己主宰。如果你积极进取,努力向上,那么你的人生就会无限光明;相反,如果你只甘心堕落,不思进取,停步不前,那么你的生活将永无光彩。

A B C D E F G H I J K L M N O P Q R S T U V W X Y Z

重在考察

释义

主要在于调查研究。

故事

有一次，孟子和齐宣王谈论到治国的人才问题时，孟子说："所谓历史悠久的古国，并不是说它有高大的乔木，而是有世代为官的贤臣。现在大王没有亲近的臣子了，昔日所任用的现在已经被免职了。"

齐宣王诚恳地问："那么，我怎样才能了解到他们有没有才干呢？"

孟子接着说："国君任用贤才，如果不得已，要使卑贱的人超过尊重的人，疏远的人超过亲近的人，能够不慎重吗？对于人才，大王左右的亲信都说贤能，您还不能同意；各位大夫都说贤能，还不能同意；全国的百姓都说贤能，然后才去考察他，看到他真的很贤能，然后才去任用他。相反，大王左右的亲信都说不能任用，您不要听；各位大夫都说不能任用，您也不要听；全国的百姓都说不能任用，然后才去考察他，看到他真的没有才能，然后就罢免他。同样，对于罪大恶极的人，大王要倾听百姓的意见，然后再去考察，发现他真的该杀，然后杀掉他。如果这样做，就可以当百姓的父母了。"

齐宣王听了孟子的一番议论，觉得言之有理，懂得了国家要依靠贤臣作支柱，而臣的贤与不贤，和不贤到可杀的标准，要倾听国人的意见来判断。后来，由于齐宣王听了孟子的话，齐国不久就兴旺起来了。

赏析

因为年轻,我们看见一件事物会轻易地表现出自己的悲喜;因为年轻,我们会为一些自己听到的言论轻易断言;因为年轻,我们会对自己的某些感觉深信不疑……很多事情,并不是我们最初看到的,也不是我们听到的,更不是我们揣测的模样。

不去认真考察,而盲目地相信自己主观的判断,会看不到事物的本真。只有不断地考察,不断地摸索,我们才能找到真理。

自知之明

释义

透彻地了解自己(多指缺点)的能力。指了解自己的情况,对自己有正确的估计。自知:自己了解自己;明:看清事物的能力。

故事

孟子在齐国时看到齐王对自己百姓的生活漠不关心,就想找一个机会对他说。有一次,他到了齐国边境的一个地方——平陆,对平陆的地方官孔距心说:

"要是你队伍里的战士一天三次离开自己的队伍,你会不会开除

他？"

孔距心说："不会等到三次，我就会开除他。"

孟子说："但是你像那离开队伍的战士一样，失职的地方实在多啊。灾荒年景，你的百姓里老年人的尸骨抛在山沟里，壮年人四方走散，有好几个人哪。"

那地方官又说："这不是我孔距心所做的事啊。"

孟子说："有一个人受人委托放牛羊，那就一定要为那些牛羊寻找牧场和草料。要是牧场和草料都找不到，是把这些牛羊还给人家呢，还是让这些牛羊都饿死呢？"

孔距心想了想说："这是我的罪过啊！"

过了些日子，孟子见齐王，说："您派去治理都邑的人里，我认识了五个人。可是知道自己罪过的，只有孔距心一人。"

孟子把见孔距心的事向齐王说了，并把他们的谈话也向齐王说了一遍。齐王听了以后说："下面的官员不称职，百姓的生活不好，都是我的罪过啊！"

孟子就用这个委婉的办法批评了齐王对自己百姓生活、对国家政事漠不关心的不良行为。齐王只好承认自己的错误。

在另一个场合，孟子还对齐王讲过类似的故事。他对齐王说："您的臣下有一个人把自己的妻女托付给他的朋友照顾，自己到外边去游玩了。等到他回来的时候，他的妻女却在那里挨饿受冻。对这样的朋友，该怎么办呢？"

齐王说："不要这个朋友。"

孟子说："一个司法官不能管理自己的下属，怎么办呢？"

齐王很干脆地说："罢免他。"

孟子说："那么全国的政治很坏，该怎么办？"

齐王一下子明白了孟子原来是在批评他，他无话可说，只好看着左右的人，说着别的事。

大概因为如此，齐王不太喜欢他，孟子终于离开了齐国。

赏析

人们总是喜欢听到美言，讨厌挑剔，而说话就成了一门生活的艺术，同时也可改变人的一生。

当你的朋友询问你的评价时，你直接回答不好，他肯定会无法接受，而换一句："如果你能这样就更好了！"你朋友很快就会意识到什么，并感激你。两者其实没有本质的不同，只是方式变了而已，造成的结果也就不同了。因为你要知道，当一个人对自己有正确的认识时，只需要给对方一些点拨就能使他领会。做一个会说话的人，多考虑对方的感受和心理，才能不伤害他人的自尊心，也会让自己变得受欢迎。

尊老爱幼

释义

尊敬长辈，爱护晚辈，形容人的品德良好。

故事

有一天，孟子来到了齐国，见到了国君齐宣王。孟子和齐宣王谈到了

治理国家的王道仁政这个大问题。

孟子说："王道仁政,这是大王不去做,而不是不能做呀!"

"不去做和不能做有什么区别呢?"齐宣王问。

"抱起泰山去跳越北海,那是不能做;看到老人走路不便而不愿折根树枝给他当拐杖,那就不是不能做而是不去做。大王不实行王道仁政,就属于不为老人折枝一类。"

孟子运用这个比方分清了"不做"和"不能"的道理后,就进一步阐述说:"把对禽兽的仁慈推广为对百姓的仁慈,大王怎么不能做到呢?要知道,推广仁心就能够保有国家;不推广仁心就连妻子儿女都难保。"

"那么,怎样推广呢?"

孟子诚恳地说:"老吾老,以及人之老;幼吾幼,以及人之幼。做到这一点,统一天下就像在手掌心里转动东西那样容易。"

"怎么叫'老吾老,以及人之老;幼吾幼,以及人之幼'?请夫子解释一下。"

"尊敬自己的父母长辈,从而推广到尊敬所有人的父母长辈;爱护自己的孩子,从而推广到爱护所有人的孩子,这不就是仁心的推广吗!"

齐宣王听了,不觉点头信服。

赏析

是否记得自己年幼无知时,父母对我们的谆谆教导,当时也许我们还无法体会父母的深情,把父母过多的爱护当做是一种约束,当我们渐渐长大才开始体会到其中的良苦用心。现在我们长大了,而父母却慢慢老去了。我们是否怀着一颗感恩的心去回报他们?是否看到每一个年迈的老人都会想到自己慈爱的父母?尊老爱幼是每代人必须养成的美德,我们也要把它发扬光大。